sport compact

Golf

sport compact

Golf

Jim Gregson

COPRESS

Titelfoto: Allsport
Jim Gregson: 17, 18, 20, 22, 23, 24, 25, 26, 27, 28, 42, 44, 45, 49, 50, 58
Noel Whittall: 6, 10, 11, 13, 15, 30, 32, 37, 47, 51, 53, 55, 57, 60, 61, 62
Supersport: 8

CIP-Kurztitelaufnahme der Deutschen Bibliothek

Gregson, Jim:
Golf / [von Jim Gregson. Aus dem Engl. übertr. u. dt. Bearb.: Peter Sundt]
München : Copress, 1990
(sport compact)
Einheitssacht.: Take up Golf <dt.>
ISBN 3-7679-0307-5
NE : Sundt, Peter (Bearb.) ; HST

Titel der englischen Ausgabe: Take up Golf

Aus dem Englischen übertragen und deutsche Bearbeitung: Peter Sundt

Diagramme: Chris Oxlade
Layout: Tillmann Roeder

Herstellung: Bruckmann München
Printed in Germany
ISBN 3-7679-0307-5

Inhalt

Der Reiz des Golfspiels 7
Ein rasant wachsender Sport 7

Ausrüstung und Kleidung 9
Schläger 9
Golf-Bälle 12
Kleidung 13
Andere Ausrüstungsgegenstände 13

Wie man Golfspielen lernt 14
Unterricht 14
Übung 14

Der Aufbau des Golfschwungs 16
Griff 16
Stand 19
Der Rückschwung 21
Der Durchschwung 25

Auf dem Golfplatz 31
Die Löcher 31
Eigenarten eines Platzes 32

Die Wertung 35
Wettspielarten 35
Das Vorgabe-System 36

Spielverhalten 40
Schlägerwahl 40
Schlag-Varianten 41
Problem-Lösungen 47

Platz-Management 54
Lochspiel-Strategie 54

Etikette 55

Wie man Club-Mitglied wird 57

Aufwärm-Übungen 58

Erklärungen 59

Adressen 63

Ein Drive – noch ist das Loch unerreichbar

Der Reiz des Golfspiels

Wohl die meisten Leute, die das Golfspiel ausprobieren, haben schon mit anderen Bällen gespielt; und auf den ersten Blick sieht Golf vergleichsweise einfach aus: Kein Gegner kann einem den Ball um die Ohren oder einfach vor der Nase wegschlagen, oder auch einen unerreichbaren Aufschlag produzieren. Beim Golf treten Sie einfach nach eigenem Gutdünken neben Ihren eigenen, ruhig daliegenden Ball und suchen sich einen Schläger aus der Tasche; sowie Sie damit fertig sind, bereiten Sie sich in aller Ruhe auf den Schlag vor, schwingen ganz leicht durch den Ball und befördern ihn ganz mühelos in Richtung auf die weit entfernte Fahne. Wir wissen ganz genau, daß es so geht, denn wie oft schon haben wir gerade das von den Profis im Fernsehen gezeigt bekommen! Warum aber wird Golf auf einmal so schwierig, wenn man es selbst (endlich) einmal ausprobiert? Das größte Problem liegt wohl darin, einen winzigen Ball mit einer kaum viel größeren Schlagfläche treffen zu müssen. Darin liegt die Herausforderung, aber auch der Frust dieses faszinierendsten aller Spiele. Sie müssen den Ball genau treffen, und je weiter Sie ihn schlagen wollen, desto akkurater müssen Sie die Schlagfläche an den Ball bringen. Weil beim vollen Golfschwung aber alle wichtigen Muskeln benötigt werden, müssen Sie gleichzeitig auf sehr komplexe Art viele Bewegungselemente koordinieren. Schon der kleinste Fehler kann sich rächen. Zweifellos werden Sie beim Golfen viele Frustrationen durchleben. Aber bleiben Sie eisern: Sie werden schließlich herausfinden, daß es einen Riesenspaß macht und alle Mühen lohnt.

Ein rasant wachsender Sport

Es gibt reichlich unterschiedliche Meinungen darüber, wo das Golfspiel nun wirklich »erfunden« wurde. Sicher ist nur, daß ein ähnliches Spiel bereits im Schottland der Elisabethanischen Ära ausgeübt worden ist. Es dauerte immerhin noch ein paar Jahrhunderte, ehe das Spiel in Großbritannien allmählich populär wurde. Jetzt aber hat seine Entwicklung ein Tempo erreicht, daß man zumindest auf den Britischen Inseln von einem Boom in den vergangenen hundert Jahren sprechen muß, der erst nach und nach auf andere Länder übergriff. Jetzt golfen Millionen von Frauen und Männern in aller Welt, und die Namen der Golf-Stars sind in aller Munde.

Die Golf-Regeln

Die Regeln sind vielfältig und kompliziert und erscheinen manchmal völlig überflüssig. Aber sie sind so ausgelegt, daß sie praktisch jede nur vorstellbare Situation auf dem Golfplatz abdecken. Am besten stecken Sie immer das neueste Regelbuch in Ihre Golftasche. Zwar scheinen sie manchmal ein Hindernis für Ihr Spiel zu sein, doch oft helfen sie Ihnen auch aus größten Schwierigkeiten. Wir haben in diesem Büchlein keinen Platz, sie alle aufzulisten. Doch die gängigen und wichtigen Regeln werden wir Ihnen im weiteren Verlauf noch vorstellen. Die heutigen Regeln werden vom Royal and Ancient Golf-Club in St. Andrews und dem Golfverband der USA gemeinsam erstellt und überwacht. Ihr Club oder Golflehrer hat sicherlich immer die neuesten Regelbücher parat. Falls nicht, wenden Sie sich an Ihren Golf-Verband (siehe Seite 63).

Golf kann man in jedem Alter spielen, egal ob Frau oder Mann.

Ausrüstung und Kleidung

Schläger

Es gibt drei verschiedene Schläger-Arten: Eisen, Hölzer und Putter. Wir zeigen Ihnen auf, was das heißt und welche Auswahl von Schlägern ein Anfänger benötigt.

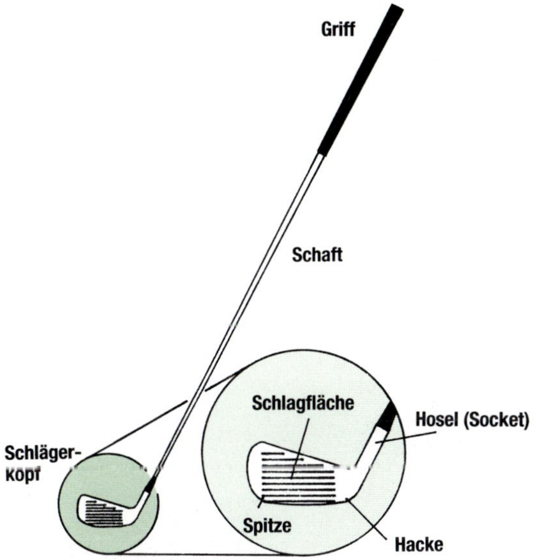

Zeichnung 1 Die Schlägerteile

Eisen

Als Eisen bezeichnet man Schläger mit einer metallenen Schlagfläche (Schlägerkopf). Es gibt gleich eine ganze Reihe von Eisen. Der volle Satz besteht aus Einer- bis Neuner-Eisen, Pitching-Wedge (manchmal auch Zehner-Eisen genannt) und Sandwedge. Mit abnehmender Zahl wird der Neigungswinkel der Schlagfläche immer steiler, der Schaft immer länger, und dadurch die Distanz immer größer, die der damit geschlagene

Ball fliegen kann. Diese Eisen werden in drei Gruppen unterteilt:

lange Eisen (1, 2, 3 und 4)
mittlere Eisen (5, 6 und 7)
kurze Eisen (8, 9 und die beiden Wedges)

Hölzer

Hölzer haben einen Schlägerkopf, der aus Persimmon oder einem Schichtholz-Block modelliert ist. Die fünf verschiedenen Hölzer reichen vom Einser- bis Fünfer-Holz. Wie bei den Eisen bedeutet die niedrigere Zahl eine steilere Schlagfläche und einen längeren Schaft, so daß mit dem Einser-Holz, das auch Driver genannt wird, die Bälle am weitesten geschlagen werden können.

Ein typischer halber Schlägersatz. Die Hölzer haben die längsten Schäfte, dann folgen die Eisen mit niedrigen Zahlen.

Putter

Der Putter hat eine senkrechte, höchstens leicht geneigte Schlagfläche, damit der Ball über den Boden rollen kann. Obwohl die Funktion aller Putter absolut die gleiche ist, sehen diese Schläger am unterschiedlichsten aus.

Die Schlägerwahl

Lassen Sie sich aber nicht von dieser Menge Schläger verwirren – sie werden niemals alle benötigen! Außerdem erlaubt Ihnen die Regel ohnehin nur, im Wettspiel höchstens 14 Schläger mitnehmen zu dürfen. Für einen Anfänger kann es sogar eher von Vorteil sein, mit weniger, am besten der halben Anzahl auszukommen. Wenn man nämlich schon seine liebe Not hat, den Schlägerkopf konstant gut an und durch den Ball zu bringen, würden mehr Schläger auch (noch) mehr Schwierigkeiten bedeuten. Deshalb sollten Sie mit einem halben Satz von Eisen beginnen, wobei Sie sich entweder die geraden oder ungeraden Nummern aussuchen sollten, also 3, 5, 7, 9 oder 4, 6, 8 und Pitchingwedge. Die ganz langen Eisen (1 und 2) sind sehr schwierig zu handhaben. Bewundern Sie ruhig die wenigen Experten, die sie beherrschen! Normalerweise reicht zum Anfang ein einziges Holz (das Dreier), aber oft machen zwei mehr Spaß. Die meisten Golfer sind zwar

Nur der Putter-Kopf (vorn) ist »gerade«: Ansonsten nimmt der Neigungswinkel vom Driver (hinten) bis zur Pitchingwedge immer mehr zu.

Masochisten und bestrafen sich immer wieder selbst mit Driver-Abschlägen. Doch weil das gerade der Schläger ist, der Fehler am wenigsten verzeiht, sollte man besser mit einem Dreier- und Fünferholz anfangen. Das Fünferholz ist sicherlich sogar der einfachste Schläger, wenn man einen langen Schlag vom Fairway versuchen will. Wenn Sie aber trotzdem einen Driver haben müssen, kaufen Sie auch ein Dreier- oder Viererholz. Kommt dann noch der obligatorische Putter dazu, haben Sie einen Schlägersatz, der es Ihnen nicht nur ermöglichen wird, mit dem Golfen anzufangen, sondern der halbe Satz kann bis hin zu einem hohen Leistungsstandard völlig ausreichend sein. Viele gute Spieler nehmen niemals mehr Schläger mit auf die Runde. Damen und Herren spielen in der Regel mit unterschiedlichen Schlägern. Die Damen-Schläger sind meist etwas leichter und etwa zweieinhalb Zentimeter kürzer. Und natürlich benötigen Sie als Linkshänder auch einen dementsprechenden Schlägersatz. Abschließend: Falls Sie einmal einen schlechten Schlag machen, suchen Sie den Fehler bei sich selbst, nicht beim Schläger. Seltsamerweise nämlich sind die Golfer diejenigen, ja sogar fast die einzigen Sportler, die am liebsten bei ihrer Ausrüstung oder allen anderen möglichen Dingen die Ursache für das eigene Versagen suchen – möglichst aber nie bei sich selbst.

Golf-Bälle

Man unterscheidet gewundene und solide Bälle. Bis vor wenigen Jahren waren nur gewundene Bälle auf dem Markt: Bei ihnen ist ein dünner Gummifaden sehr fest um einen Kern gewickelt und die entstandene Kugel mit einem Plastikmantel umgeben. Die soliden Bälle sind dagegen eine relativ moderne Entwicklung: Wie der Name schon sagt, sind sie in zwei oder drei Teilen aus hartem Plastik geformt. Die Regel-Päpste haben scharfe Vorgaben gegeben, wie weit ein Ball fliegen darf, wenn er mit einer bestimmten Geschwindigkeit geschlagen wird. Deshalb sind Unterschiede unter den Bällen gering. Der solide Ball ist auf jeden Fall der bessere für den Anfänger, denn er fliegt etwas weiter als der gewundene Ball. Doch was viel wichtiger ist: Er hält länger all die bösen Schläge aus, die ihm versetzt werden. Schließlich ist es ein langer Weg in den siebten Himmel der Golf-Perfektion (die es nicht gibt), auf dem man viele Schläge nicht (ganz so) perfekt ausführt. Alle Golf-Bälle müssen dem internationalen Standard entsprechen. Seit dem 1. Januar 1990 dürfen sie auch nicht kleiner als im Umfang 1,68 Inch (42,7 Millimeter) sein. Meiden Sie also »Schlußverkäufe« von Bällen der Spezies 1,62.

Kleidung

Normalerweise gibt es keine Einschränkung in der Bekleidung beim Golfen. Doch viele Clubs erwarten eine dezente, vornehm-sportliche Kleidung. Jeans sind im Ausland generell ungern gesehen, ebenso wie in Deutschland zu knappe Shorts (»Bermudas« erlaubt). Das wichtigste: Sie sollten frei schwingen können. Wenn Sie dann das Spiel erst richtig gepackt hat, so daß Sie dem Ruf des Golfplatzes auch bei Wetter folgen, das sensible Leute meiden würden, werden Sie auch Regenanzug und -schirm als unerläßlich empfinden.

Schuhe

Sie sollten sich ein sehr bequemes Paar Golfschuhe aussuchen. Dabei ist es mehr Gefühlssache, ob Sie sich für die herkömmlichen Spikes oder die immer mehr aufkommenden Noppenschuhe entscheiden. Viele Golfer haben auch zwei Paare: Spikes für nasses und Winterwetter, Noppen bei Sonnenschein und trockenem Boden.

Andere Ausrüstungsgegenstände

Fertig für die »Schlacht« allerdings sind Sie erst, wenn Sie auch noch eine Golf-Tasche gekauft und sie mit Schlägern, Tees (Holz- oder Plastikstäbchen zum Aufsetzen des Balls), einem Bleistift (zum Strichemachen für die Schläge), einem Handtuch zum Abwischen der Schläger (was nach jedem Schlag geschehen sollte) und einer kleinen Forke gefüllt haben, mit der man die Stellen (Pitchmarken) ausbessert, an denen der Ball ins Grün eingeschlagen ist. Das reicht solange, bis Sie vom Golf-Bazillus erst richtig ergriffen worden sind. Dann ist Ihrer Einkaufswut keine Grenze mehr gesetzt.

Viele Spieler finden auch, daß ein breiträdriger Golfwagen zur Ausrüstung gehört.

Wie man Golfspielen lernt

Unterricht

Eines der Ziele dieses Buches ist es, die Einführung so einfach wie möglich zu gestalten. Wenn Sie sich also ganz auf die fundamentalen Dinge des Golfschwungs konzentrieren, werden Sie rasante Fortschritte machen. Doch je mehr Sie dieses Spiel gefangennimmt, je mehr werden Sie zu Lehrbüchern greifen. Einige von ihnen allerdings beschreiben das im Prinzip recht einfache Schwingen eines Golfschlägers weit komplizierter, als es wirklich notwendig ist. Niemand schließlich kann überprüfen, ob Sie die gut gemeinten Ratschläge richtig ausgelegt und dann auch richtig ausprobiert haben. Die einzige Person, die Sie auf den Punkt genau anleiten und Ihre Fehler berichtigen kann, ist der Golflehrer. Anders als im Ausland gibt es in Deutschland kaum öffentliche Plätze, so daß Sie zunächst Golfunterricht in Clubs oder im Rahmen einer der von deutschen Profis angebotenen vielen Urlaubs-Golfschulen im Ausland nehmen können. In den meisten Clubs gibt es aber auch »Schnupperkurse«, so daß Sie nicht gleich Mitglied werden müssen. Spaß macht es in den Golfschulen, denn dort werden Sie häufig mit Spielern gleichen Standards in Gruppen unterrichtet, so daß sich Ihr Selbstbewußtsein auch über die Fehler der anderen ein wenig aufbauen kann.

Übung

Der Unterricht durch den Golflehrer ist allerdings fast sinnlos, wenn man nicht sofort ausprobiert, was man gelernt hat. Ein guter Profi wird sich darauf konzentrieren, Ihnen in jeder Stunde einen oder höchstens zwei wichtige Aspekte des Schwungs auseinanderzusetzen. Haben Sie diese Dinge verstanden und während der Stunde ein- oder mehrmals geschafft, sollten Sie das unbedingt sofort anschließend auf der Driving Range weiterüben. Natürlich können Sie auch auf den Platz gehen, doch Sie sollten bedenken, daß das Übungsgelände der einzige Platz ist, wo Sie den gleichen Schlag immer und immer wiederholen können. Nur so nämlich baut sich ein gleichbleibender Schwung-Rhythmus auf, der die vielleicht wichtigste Grundlage dieses Spiels darstellt. Wenn Sie keine Möglichkeit haben, auf einer Driving Range zu üben, können Sie Ihre Schwünge auch durch einen leichten Plastikball im eigenen Garten vollführen. Schlagen Sie die Bälle am besten von einer alten Fußmatte, denn einige hübsche Vorgärten sind schon durch so eifrig übende Anfänger »umgepflügt« worden.

Üben vor Wettspielen
Vor einem Zählspiel (siehe Seite 35 »Wettspiele«) dürfen Sie am Wettspieltag nicht auf dem Platz trainieren, wohl dagegen beim Lochwettspiel.

Eine Stunde beim Golflehrer zahlt sich immer aus.

Der Aufbau des Golfschwungs

Das ganze Erfolgsgeheimnis im Golf ist es, einen ebenso effektiven wie regelmäßigen Schwung aufzubauen. Die Basis des Schwunges sollte immer gleich bleiben, egal welchen Schläger Sie zur Hand nehmen. Die Korrekturen, die man für verschiedene Schläge vornehmen muß, sind minimal. Der Schwung basiert auch mehr auf gesundem Menschenverstand als einer komplizierten Mystik. Lassen Sie uns also die Grundlagen für jeden Golfschwung betrachten: Griff, Stand, Rück- und Durchschwung.

Griff

Die Kräfte, die beim Schlag auf den Ball einwirken, sind beachtlich. Der Schläger wiegt normalerweise kein Pfund, doch wenn man mit vollem Schwung durch den Ball geht, reißt eine Fliehkraft von mehr als hundert Pfund den Schaft für Augenblicke nach außen. Wenn der Schlägerkopf auf den Ball trifft, entwickelt er eine Geschwindigkeit von rund 180 Stundenkilometern (50 m/sek.), und die Kraft beim Auftreffen auf den Ball beträgt mehr als eine Tonne. Ihr einziger Berührungspunkt zu all diesen Kräften sind die Hände; das unterstreicht die Wichtigkeit eines guten Griffes. Grundsätzlich sollen dabei beide Hände als eine Einheit wirken. Bei den meisten schlechten Griffen dominiert eine Hand, was im Treffmoment einige unliebsame Auswirkungen nach sich zieht. Wenn also ein Rechtshänder (und wir gehen stets vom Rechtshänder aus; Linkshänder sollten sich im Verlauf dieses Buches stets alles andersherum vorstellen) schlagen will, soll der Rücken der linken Hand stets nach vorn ausgerichtet sein. Das bedeutet nichts anderes, als daß Sie gleichzeitig mit Links einen Rückhandschlag und mit der Rechten einen Vorhandschlag durchführen. Der richtige Griff wird sicherstellen, daß die Hände zusammenarbeiten.

Die meisten Golfer benutzen den Vardon-Griff, benannt nach seinem Erfinder Harry Vardon, den wir auch Ihnen nur empfehlen können. Wie Sie ihn anwenden, wird auf den Fotos auf den nächsten beiden Seiten gezeigt. Ein guter Griff wird sich oftmals im ersten Moment unnatürlich anfühlen, doch nach

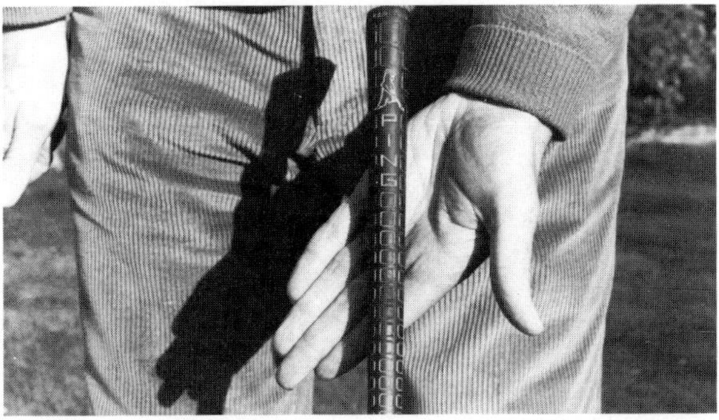

Setzen Sie den Schläger mit rechtwinklig (square) zur Zielrichtung stehender Schlagfläche auf den Boden. Dann legen Sie den Schlägergriff so diagonal in Ihre linke Hand, daß der Schaft in der Krümmung vor dem vordersten Glied Ihres Ringfingers liegt.

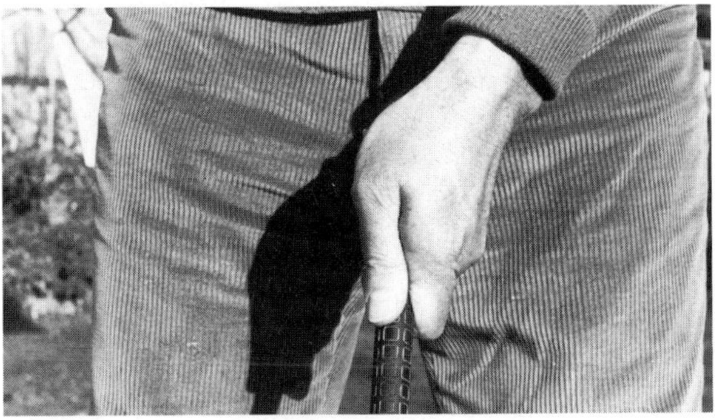

Schließen Sie die linke Hand, so daß der Daumen gerade etwas rechts von der Schaftmitte liegt.

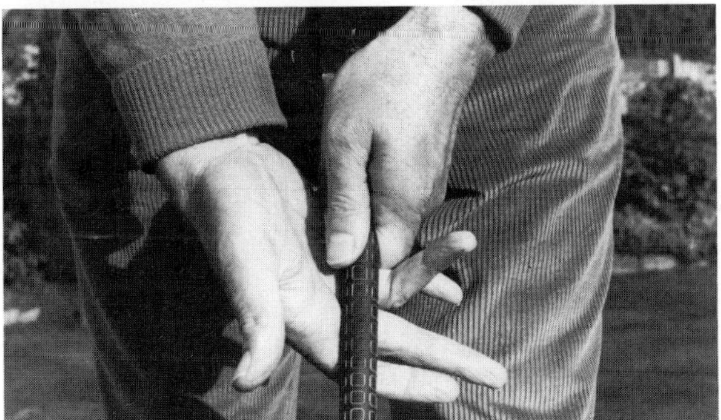

Dann plazieren Sie Ihre rechte Hand unter die linke, wobei der kleine Finger der rechten über den Zeigefinger der linken Hand gelegt wird. Der Schaft sollte auf den unteren Gliedern der übrigen drei Finger liegen.

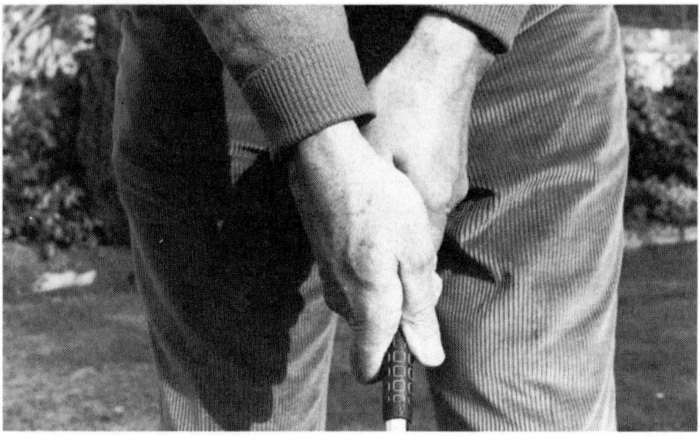

Nun schließen Sie die rechte Hand so, daß Sie den linken Daumen genau in der rechten Handfläche spüren und der rechte Daumen auf der linken Schaftseite liegt.

Danach pressen Sie den kleinen Finger der rechten Hand um den Zeigefinger Ihrer Linken. Damit ist der Vardon-Griff komplett.

Einige Spieler bevorzugen es, diese beiden Finger ineinander zu verschränken. Auch das ist noch der Vardon-Griff. Probieren Sie einfach aus, welche Art Ihnen mehr zusagt.

einer gewissen Zeit werden Ihre Hände so automatisch an der richtigen Stelle zugreifen, daß Sie sich darüber wundern werden, wie Sie den Schläger jemals anders halten konnten.

Griff-Überprüfung

Ihre Hände können sehr leicht am Schlägergriff nach vorn oder hinten verrutschen. Das wird stets einen fatalen Einfluß auf Ihren Schwung ausüben. Deshalb überprüfen Sie Ihren Griff stets, indem Sie den Schlägerkopf auf den Boden legen. Dann müssen die von Daumen und Zeigefingern geformten Vs beider Hände grundsätzlich auf einen Punkt zwischen Kinn und rechter Schulter weisen. Und Sie dürfen nicht mehr als zwei Knöchel Ihrer linken Hand sehen können. Abschließend: Denken Sie stets daran, mit Ihren Fingern zu greifen, um genau zu sein, mit den äußeren drei Fingern der linken Hand sowie mit den beiden mittleren oder mit Mittel- und Zeigefinger der rechten Hand. Sowie der Handteller ins Spiel kommt, werden Sie es im Gefühl und der Genauigkeit des Schlages zu spüren bekommen.

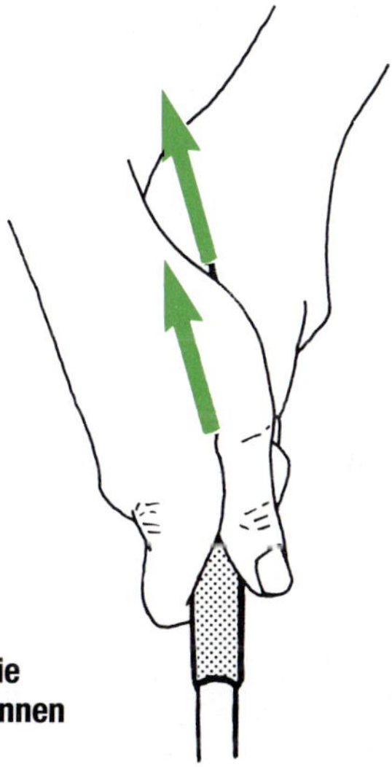

Zeichnung 2
Der Griff läßt die beiden Vs erkennen

Stand

Vor jedem Schlag sollten Sie eine absolut automatisch ablaufende Routine entwickeln. Zunächst stellen Sie sich hinter den Ball, schauen auf Ihr Ziel – es muß ja noch nicht die Fahne sein – und stellen sich vor, wie Ihr Schlag aussehen und welche Richtung er nehmen wird. Merken Sie sich einen Punkt auf der gedachten Ziellinie, nicht viel mehr als einen Meter vor

Wählen Sie Ihr Ziel und lassen Sie den Schlag vor Ihrem geistigen Auge ablaufen.

dem Ball. Wenn Sie dann am Ball stehen, können Sie viel leichter die Richtung kontrollieren, als wenn Sie stets erneut auf das Ziel blicken müssen.

Stellen Sie nun die Füße auseinander; Ihr Kopf befindet sich knapp hinter dem Ball. Nun stellen Sie sich neben den Ball und legen den Schlägerkopf rechtwinklig zur gedachten Ziellinie direkt hinter den Ball, wobei Ihre Füße nebeneinander stehen sollten. Der Abstand zum Ball ergibt sich automatisch aus der Länge Ihres Schlägerschaftes; bei längeren Eisen und Hölzern stehen Sie also weiter entfernt. Danach stellen Sie Ihre Füße auseinander, so daß Sie locker und bequem stehen. Der Ball sollte dann ungefähr in der Mitte zwischen beiden Füßen liegen. Wenn Sie dabei etwas mehr Gewicht auf den rechten Fuß legen, wird Ihr Kopf geringfügig hinter den Ball mitgezogen. Beugen Sie sich dann in der Hüfte nach vorn, wobei Sie

Links: Füße zusammen; dann stellen Sie den Schlägerkopf rechtwinklig hinter den Ball.

den Rücken gerade lassen, und lassen Ihre Arme in den Schultern locker herabhängen, und zwar so, daß Sie das Gefühl haben, einen lockeren Schwung durchführen zu können, wobei sich Ihre Arme trotzdem nahe an Ihrem Körper befinden. Diese Prozedur mag Ihnen zunächst unheimlich kompliziert anmuten, doch nach einer gewissen Zeit (und viel Übung) wird Ihr Körper automatisch den guten Stand einnehmen. Es ist der erste Schritt, sich einen Schwung tief ins Gedächtnis einzuprägen. Das alles wird, und sollte, höchstens einige Sekunden dauern.

Überprüfung des Ausrichtens

Schultern, Hüfte und Füße sollten eine Parallele zur gedachten Schlagrichtung bilden. Nützlich und phantasievoll ist dabei folgender Trick: Stellen Sie sich einfach vor, Sie stehen auf einem Eisenbahngleis. Ihr Ball liegt dabei auf der einen, Sie stehen auf der anderen Schiene. Das Ausrichten der Schultern ist sicherlich am schwersten, denn das können Sie kaum selbst überprüfen. Leider aber ist ausgerechnet das auch das Wichtigste:
Sie können einen guten Schlag gelegentlich sogar absichtlich dann vollbringen, wenn Ihre Füße keine Linie zum Ziel bilden. Sie werden jedoch nie einen vollen Schlag schaffen, wenn Ihre Schultern nicht parallel zur Zielrichtung ausgerichtet sind. Um dabei ganz sicher zu sein, gibt es nur die Möglichkeit, einen Freund zu bitten, Sie zu kontrollieren.

Ansprechen des Balles
Wenn Sie Ihren Stand eingenommen und den Schlägerkopf hinter dem Ball aufgesetzt haben, haben Sie Ihren Ball »angesprochen«, und Sie sind damit in der »Ansprechposition«. Sobald das geschehen ist, können Sie bestraft werden, falls sich der Ball bewegen sollte, ohne daß Sie auch nur zu schlagen versucht haben (siehe Seite 43).

Der Rückschwung

Jetzt haben Sie also Ihren Stand eingenommen, so daß wir an die letzten Vorbereitungen zum Schlag gehen können: zum Rückschwung. Warum wohl widmen Lehrer und Handbücher diesem Thema so viel akribische Aufmerksamkeit? Nun, der Rückschwung hat einen doppelten Zweck:
Zum einen soll er Kraft aufbauen, zum anderen Ihren Körper in eine Position bringen, aus der Sie den Ball in die richtige Richtung schlagen können. Wenn Ihr Rückschwung stimmt, dürfen Sie sich große Hoffnungen machen, den Ball weit und gerade zu schlagen.

Der Aufbau der Kraft

Um Kraft aufzubauen, müssen Sie zunächst Ihre Schultern gegen den Widerstand der Hüfte nach rechts drehen. Ihre Schultern sollten sich dabei um etwa 90 Grad aufdrehen, die Hüfte dagegen um etwas mehr als 45 Grad. Diese Winkel gelten nur als Anhaltspunkt; es ist natürlich nicht notwendig, genau nachzumessen. Drehen Sie Ihre Schultern so weit Sie können, bis Sie das Gefühl haben, Ihr Rücken zeige zum Ziel. Ihre Hüfte wird auch gegen den Widerstand mitdrehen, um den Schultern ihre Drehung zu ermöglichen. Ihr rechtes Knie sollte dabei ungefähr stets an der gleichen Stelle bleiben, wobei sich Ihr Gewicht bis zur Beendigung des Rückschwungs weitgehend nach rechts verlagert haben wird. Das linke Knie sollte sich etwas rückwärts in Richtung rechtes Knie bewegen, auf keinen Fall aber in Richtung Ball. Während des Rückschwungs sollten Sie Ihren linken Arm so gerade halten, wie es ohne Verkrampfung möglich ist, ohne den Arm allerdings zu versteifen. Am Ende des Rückschwungs sollte Ihr rechter Ellbogen auf den Boden zeigen. Versuchen Sie auf keinen Fall, die Handgelenke kurz vor dem Ende des Rückschwungs absichtlich abzuwinkeln. Dafür sorgt das Gewicht des Schlägers schon automatisch. Wenn Sie sich korrekt aufgedreht haben, dürfen Sie nicht in der Lage sein, mehr als ein oder zwei Sekunden in dieser Position zu verharren.

Die Schwungebene

Kraft nützt ohne Genauigkeit überhaupt nichts. Um den Ball gerade zu schlagen, müssen Sie den Schläger rück- wie vorwärts so schwingen, daß er sich stets in der gleichen *Schwungebene* bewegt. Der Winkel dieser Schwungebene wird sich nur durch den jeweils verwendeten Schläger sowie durch die Körpergröße geringfügig verändern.

Beginnen Sie den Rückschwung, indem Sie Schultern, Hüfte und Füße parallel zur gedachten Schlaglinie ausrichten.

Zeichnung 3
Die kolorierte Ellipse stellt die Schwungebene dar. Ihr Winkel verändert sich nur mit der Körpergröße des Spielers und den Schlägern, die er benutzt. Wenn Sie einen kompletten Schwung in der richtigen Schwungebene ausgeführt haben, wird der Schlägerkopf am Ende des Rückschwungs genau in Zielrichtung weisen. Auch wenn Sie für Ihren Schlag keinen vollen Schwung benötigen, sollte die Schwungebene immer gleich bleiben, so daß der Schaft, wenn Sie ihn ganz zurückschwingen würden, wieder genau auf das Ziel zeigen würde. Wenn Sie ohne Lehrer üben, bitten Sie ab und zu einen Freund, die Richtung von Schaft und Schlägerkopf bei vollzogenem Rückschwung zu kontrollieren. Ist der Rückschwung aus der Schwungebene, werden Sie den Ball auch nicht im rechten Winkel treffen, wenn Sie durchschwingen.

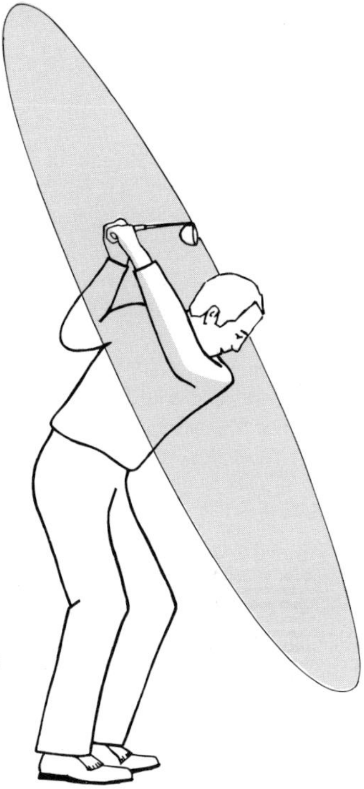

Lassen Sie den linken Arm so gerade wie möglich, während Sie die Schultern gegen den Widerstand der Hüfte aufdrehen. Beachten Sie, daß sich der Kopf nicht bewegt. Den Kopf möglichst still zu halten, ist sehr wichtig.

Zusammenfassung

Zwei Vergleiche können Ihnen beim Erlernen des Rückschwungs helfen:
Sie sollten sich fühlen, als ob Sie sich um einen Pfosten drehen, der im Nacken beginnt und entlang der Wirbelsäule bis durch Ihren Hosenboden geht.

Am Ende Ihres Rückschwungs sollten Sie das Gefühl haben, eine gespannte Feder zu sein, die gleich losgelassen wird.

Slice und Hook
Wenn die Schlagfläche nicht im rechten Winkel (square) auf den Ball trifft, erhält dieser einen Seitendrall (Spin). Das ergibt entweder einen Slice (der Ball kurvt nach rechts weg) oder einen Hook (der Ball dreht nach links ab).

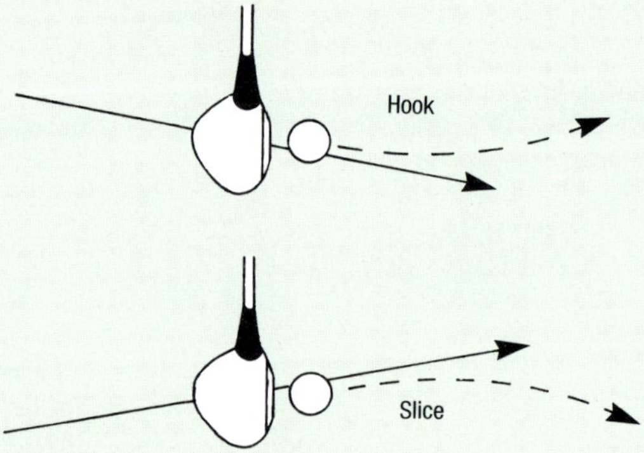

Zeichnung 4 Slice und Hook

Links: Der Schläger zielt nach links. Die Bewegung von außen nach innen verursacht einen Slice.
Rechts: Der Schläger zielt nach rechts, kommt geschlossen von innen an den Ball und verursacht einen Hook.

Am Ende des Rückschwungs zeigt der Schlägerkopf Richtung Ziel und der Körper ist wie eine »Feder« gespannt.

Beschummeln Sie sich nicht selbst, indem Sie ein Schwungelement ändern, um ein anderes Element zu korrigieren. Also lockern Sie beispielsweise nicht den Griff Ihrer linken Hand oder biegen Sie nicht den linken Arm, um den Schaft am Ende des Rückschwungs parallel zum Ziel auszurichten. Sie werden die Kontrolle über den Schläger verlieren und im Schwung nie wiedergewinnen. Denken Sie daran, dies stets durch das Aufdrehen Ihrer Schultern zu erreichen.

Zeichnung 5
Der imaginäre Pfosten

Der Durchschwung

Jeder gesunde Mensch, der diese »Qual« auf sich nehmen will, kann einen Schläger greifen, einen Stand einnehmen und den Schläger zurückschwingen; es ist egal, ob er eine gute

1

2

3

Veranlagung für Spiele hat. Erst beim Durchschwung beginnen sich Talent und Gefühl auszuwirken: Sie müssen schon eine ganze Menge verschiedener Körperbewegungen in Höchstgeschwindigkeit unter einen Hut bringen. Am Ende des Rückschwungs müssen Sie die ganze Kraft und die geplante Richtung eingespeichert haben. Der Trick des Durchschwungs ist es, diese Kraft loszulassen, ohne die Richtung zu verlassen. Deshalb ist Koordination alles: Hände und Arme müssen den Schläger im selben Moment durch den Ball schwingen, in

4 

5 

1 In diesem Moment beginnt der Durchschwung: Das Gewicht liegt auf dem rechten Fuß, die Schultern sind voll aufgedreht und der Schlägerschaft steht parallel zur gedachten Ziellinie.

2 Die Arme ziehen den Schläger herab, und das Gewicht beginnt, sich auf den linken Fuß zu verlagern.

3 Praktisch zurück in der Ansprechposition. Beachten Sie, daß die Hände etwas vor dem Schlägerkopf liegen.

4 Der Ball ist weg. Die Augen sind immer noch auf den Berührungspunkt von Ball und Schläger gerichtet. Der rechte Arm streckt sich.

5 Eine volle, hohe und ausbalancierte Schlußstellung.

dem zunächst die Hüften und dann die Schultern in die Ansprechposition zurückkehren. Es ist irrig zu glauben, daß der Durchschwung eine Reihe einzelner Bewegungsabläufe darstellt. Man sollte nur einen Ratschlag immer im Sinn behalten: Schwinge den Schlägerkopf durch den Ball, oder auch: Laß den Schläger(kopf) den Job tun. Wenn Sie nämlich den Schlägerkopf so locker wie möglich durchschwingen, folgen alle übrigen Bewegungselemente, auch das Verlagern des Gewichts vom rechten auf den linken Fuß, ganz automatisch.

1

2

3

4

Wie man einen Slice bekämpft

Es ist vergebliche Liebesmühe, den Schläger in der korrekten Ebene zurückzuschwingen, wenn man ihn dann in einer anderen Ebene zurückbringt. Trotz der Absicht, den Ball geradeaus schlagen zu wollen, neigen 90 Prozent aller Golfer ganz unwillkürlich zum Slicen, den Ball nämlich in einer Rechtskurve aus der Zielrichtung zu schlagen. Hauptursache ist in erster Linie eine optische Fehleinschätzung. Der Spieler hat den Eindruck, der Schlägerkopf entferne sich beim Durchschwung zu weit vom Ball. Deshalb stehen die meisten Spieler unter dem inneren Zwang, den Schläger »von außen« an den Ball bringen zu müssen, ihn also weiter vom Körper wegzuschwingen als sie ihn zurückgeschwungen haben. Das wollen sie dann durch ein Ziehen des Schlägerkopfes quer durch den Ball kompensieren – der Slice ist die Folge. Kann man diese optische Fehleinschätzung ignorieren, ist schon viel gewonnen. Falls Ihnen der Slice dennoch treu bleibt, versuchen Sie, etwas von der Innenseite an den Ball zu kommen, den Schläger also in einer körpernäheren Ebene als beim Rückschwung durchschwingen wollen. Zunächst wird man dann das Gefühl haben, der Ball werde rechts vom Ziel landen, und das würde wohl normalerweise auch geschehen. Doch lassen Sie sich nicht verunsichern: Wenn Sie objektiv »square« an den Ball kommen, wird er auch geradeaus fliegen. Die Bälle fliegen nur nach rechts oder links, wenn man (außer bei Wind natürlich) den Ball mit der Schlagfläche nicht im rechten Winkel trifft.

Was Sie sich für den Durchschwung merken sollten

Erinnern Sie sich immer an die folgenden Punkte, wenn Ihnen diese Schlüsselbewegung stets gelingen soll:
Schwingen Sie immer voll zurück, ehe Sie durchschwingen. Das mag ganz banal klingen, doch verursacht das Nichtbefolgen meist katastrophale Schläge.

Fotos auf Seite 28 – Der Durchschwung aus anderem Blickwinkel:

1 Der linke Arm ist gerade und die Augen sind stets auf den Ball gerichtet.

2 Schultern und Hüfte beginnen um den entlang der Wirbelsäule gedachten Pfosten herumzuschwingen.

3 Der korrekte Durchschwung bringt den Schlägerkopf von der Innenseite an den Ball.

4 Die Hüfte hat den Weg freigemacht, der Schlägerkopf hat den Ball getroffen und ist durchgeschwungen. Beachten Sie, wie der Kopf praktisch stehenbleibt, bis er im Endstadium durch den Schwung der Schultern mit herumgezogen wird.

Schwingen Sie so langsam wie möglich zurück. Dann können Sie sicher sein, daß der Schlägerkopf in der richtigen Schwungebene bleibt. Versuchen Sie nicht, den Ball zu hart zu schlagen. Weitere Schläge erreichen Sie nur, je *besser,* nicht härter, Sie den Ball treffen.

Mit allen Schlägern außer dem Driver sollten Sie den Boden im Durchschwung erst eine Kleinigkeit *nach* dem Ballkontakt treffen. Anders als ein Tennisschläger, mit dem Sie den Ball nur durch eine Veränderung des Schlagwinkels anheben können, haben Golfschläger diese Neigungswinkel bereits »eingebaut«. Wie beim Golfen viele Dinge paradox klingen, so auch dies: Sie müssen den Schläger *abschwingen,* um den Ball in die Luft zu schlagen.

Schwingen Sie *durch,* nicht gegen den Ball. Das heißt, Sie dürfen den Schlägerkopf am Ball nicht abbremsen, sondern Sie müssen ihn quasi durch ihn hindurchschlagen. Konzentrieren Sie sich ganz besonders auf ein paar Zentimeter hinter dem Ball, damit Sie diesen auf jeden Fall sauber und square treffen.

Achten Sie auch auf Ihre Endposition. Sie ist ein recht gutes Abbild dessen, was Sie vorher getan haben. Wenn Sie im Schlußstand aus dem Gleichgewicht geraten, sind Sie das wahrscheinlich schon viel früher während Ihres Schwunges gewesen. Und Sie können wirklich keine guten Schläge erwarten, wenn Sie in irgendeiner Phase aus der Balance kommen.

Denken Sie außerdem stets daran, daß Sie sich in jeder Phase des Schwunges, zurück wie vorwärts, um den entlang Ihrer Wirbelsäule gedachten Pfosten drehen.

Eine klassische Schlußposition nach dem Drive. Der Spieler hat keinen Moment weggeschaut, bis sein Ball in der Luft und der Durchschwung komplett durchgezogen war. Man darf grundsätzlich keine Angst davor haben, den Schwung so zu vollenden.

Auf dem Golfplatz

Da Sie nun die Grundlagen eines effektiven Schwunges erlernt haben (wenn's denn so schnell ging), begeben wir uns hinaus auf den Platz, um seine ganzen Merkwürdigkeiten kennenzulernen.

Die Löcher

Im Golf bedeutet »Loch« zwei verschiedene Dinge:
Zum einen ist es das Loch auf dem Grün, in das der Ball rollen muß. Die Lage dieses Loches wird von Zeit zu Zeit verändert, so daß die Fläche rundherum nicht zu sehr zertreten wird.
Zum anderen kennzeichnet »Loch« den gesamten Landstreifen zwischen dem Tee (der Abschlagfläche) und dem Grün, inklusive des Fairways, dem Rough, den Bunkern und anderen Hindernissen. Sie werden solche Sprüche vernehmen wie »ein leichtes Loch«, ein »Aufwärtsloch« oder »ein schweres Loch«. Aber längst nicht alle Ausdrükke, die frustrierte Golfer benutzen, um die Schwierigkeiten eines Loches zu beschreiben, sind druckreif.

Die meisten Golfplätze haben 18 Löcher, und eine Golfrunde besteht daraus, sie alle hintereinander einmal zu spielen. Einige Plätze bestehen nur aus neun Löchern, die Sie dann zweimal zu absolvieren haben, um »eine Runde« notieren zu können. Die Runde besteht normalerweise aus zwei Teilen, den »hinausgehenden« oder ersten Neun sowie den »hereinkommenden« oder zweiten Neun. Die Distanz zwischen Tee und Grün ist die Länge eines Loches. Auf einem normalen Platz werden diese Löcher zwischen etwa 140 und 500 Metern »lang« sein. Dabei führen längst nicht alle Löcher geradeaus. Oftmals beschreiben sie eine Kurve (Doglegs), um Hindernissen auszuweichen. Bevor Sie nun auf die Runde gehen, werfen Sie einen Blick auf die *Scorekarte* (Ergebniskarte). Sie gibt Ihnen einen groben Überblick über die Löcher, zumindest über deren Länge, hat Fächer, um die Schlagzahl einzutragen (mehr darüber ab Seite 35), und weist auf die Platzregeln hin. Außerdem gibt sie das *Par* jedes Loches an.

Dieser Überblick über ein Loch zeigt viele Elemente, mit denen Sie während einer Runde konfrontiert werden: Die Markierungen der Tees sind deutlich im Vordergrund zu erkennen. Der helle Sand hebt einige Bunker deutlich hervor. Die Bäume im Hintergrund, die ebenfalls Bestandteil des Platzes sind, sorgen dafür, daß es an keinem Loch ohne Probleme abgeht.

Par

Par ist die »Standard«-Anzahl von Schlägen, die Sie für ein Loch benötigen sollten. Dieses Par ist ganz einfach von der Länge der Löcher abhängig:

Par	Herren (Meter)	Damen (Meter)
3	0-228	0-201
4	229-434	202-382
5	ab 435	ab 383

Die Par-Vier-Löcher sind am häufigsten. Der typische Golfplatz hat vier Par-Drei-, zehn Par-Vier- sowie vier Par-Fünf-Löcher. Wenn Sie das zusammenzählen, ergibt das in diesem Fall ein Par von 72.

Eigenarten eines Platzes

Lassen Sie uns nunmehr einige der Eigenarten eines typischen Golfplatzes in Augenschein nehmen. Außerdem werden wir einige Regeln zu Rate ziehen, die sich auf das Layout und die Bedingungen eines Platzes beziehen.

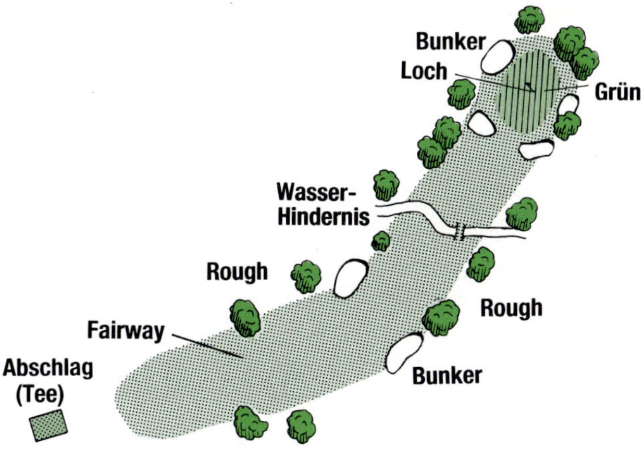

Zeichnung 6 Ein typisches Loch

Das Tee oder der Abschlag

Das Tee ist die Fläche, von der aus Sie jedes Loch mit dem Abschlag angehen. Normalerweise gibt es getrennte Tees für Herren (gelbe Markierungen) und Damen (rot) sowie für Wettbewerbe (weiß/schwarz oder blau). Üblicherweise kennzeichnen zwei Markierungsgegenstände, meist übergroße Nachbildungen von Golfbällen der oben genannten Farben, die Abschlaglinie, hinter der Sie Ihren Ball plazieren müssen (Zeichnung 7).
Aufteen ist der Ausdruck dafür, einen Ball auf ein *Tee* aufzusetzen, ehe man ihn abschlägt. Tees darf man nur zum Abschlag benutzen, nie auf dem Platz.

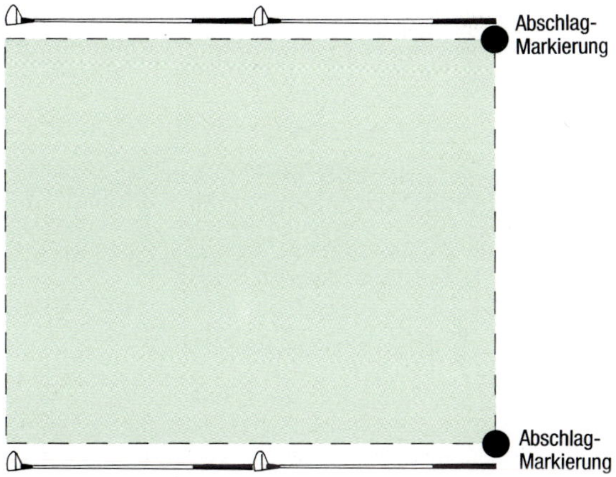

Zeichnung 7 Das Tee ist eine rechteckige Fläche, zwei Schlägerlängen tief, hinter den Abschlagmarkierungen.

Fairway

Das ist die Fläche relativ kurz geschnittenen Grases zwischen Tee und Grün. Der Fairway fängt nicht unbedingt direkt hinter dem Abschlag an. Viele Par-Drei-Löcher haben überhaupt keinen Fairway, weil das Grün mit dem Abschlag direkt erreicht werden sollte.

Rough

Rough heißt die Fläche mit längerem Gras und (oder) Büschen entlang beider Fairway-Seiten.

Ausgrenze

An einigen Löchern gibt es Ausgrenzen. Das kann ein Begrenzungszaun entlang des Platzes sein, hinter dem der Ball dann im Aus liegt. Schlägt man seinen Ball dorthin, zieht das eine Strafe nach sich (siehe Seite 50). Solche Ausgrenzen sind unter den Platzregeln auf der Scorekarte aufgeführt.

Hindernisse

Das sind zum einen *Bunker* (große Löcher, die mit Sand gefüllt sind) und *Wasser-Hindernisse* (Flüsse, Seen, Drainagegräben usw.). Generell müssen Sie Ihren Ball im Bunker so spielen, wie er dort liegt (siehe S. 48 ff). Im Wasserhindernis wird das oft unmöglich sein. Deshalb dürfen Sie Ihren oder einen neuen Ball außerhalb des Hindernisses *droppen* (fallenlassen). Falls Sie diese Regel in Anspruch nehmen, müssen Sie sich einen Strafschlag anrechnen. Dieser Ball muß irgendwo hinter einer gedachten Linie fallen gelassen werden, die von der Fahne und dem Punkt gebildet wird, an dem der Ball die Wassergrenze überflogen hat. Selbstverständlich dürfen Sie den Ball nicht näher zum Loch droppen als an diesem Punkt des Eindringens.

Das Grün

Dies ist die besonders kurz gemähte Fläche, in die das Loch geschnitten ist. Um das Grün gibt es häufig eine Fläche mit geringfügig längerem Gras, *Vorgrün* genannt.

Boden in Ausbesserung

Einige Flächen des Platzes können als Boden in Ausbesserung gekennzeichnet sein, beispielsweise ein sehr stark strapaziertes Rasenstück oder eine Baustelle. Sollte der Ball dort landen, können Sie den Ball aufheben. Es gibt Regeln, wie der Ball dann straffrei bewegt werden darf (siehe Ball droppen, Seite 51).

Die Wertung

Es gibt einige verschiedene Wettspielformen. Die Wertung hängt davon ab, welche Sie gerade spielen. Eines ist allen gemeinsam: Gezählt wird an jedem Loch die Schlagzahl, die Sie vom Abschlag bis zum Einlochen benötigen. Ihr Ergebnis ist diese Zahl plus eventueller Strafschläge, die sie auf dem Weg dorthin kassiert haben. Für diesen Score gibt es verschiedene Bezeichnungen, die sich danach richten, wie sehr sich die Schlagzahl vom Par des Loches unterscheidet:

Par heißt, daß Sie genau die erforderliche Standard-Schlagzahl des Loches erreicht haben.

Birdie bedeutet, daß Sie einen Schlag weniger als Par (also eine vier auf einem Fünfer-Loch) geschafft haben.

Eagle sind zwei Schläge unter Par (ein »hole-in-one« am Dreierloch oder drei Schläge an einem Fünfer-Loch).

Albatros ist der größte Vogel und bedeutet drei Schläge unter Par. Das gelingt praktisch nur mit zwei Schlägen an einem Fünfer-Loch.

Bogey. Das ist das Ergebnis bei einem Schlag über Par (also fünf statt Par vier). Ein Doppel-Bogey wäre »zwei über«, ein Triple »drei über« usw.

Wettspielarten

Es gibt zu viele Wettspielarten, um sie hier alle erklären zu können. Wir werfen nur einen kurzen Blick auf die beiden wichtigsten:

Lochspiel (Matchplay)

Hierbei spielen Sie gegen einen Konkurrenten Loch für Loch aus. Wenn Sie weniger Schläge als Ihr Mitbewerber benötigen, haben Sie das Loch gewonnen. Wenn die Schlagzahl gleich ist, wird das Loch *geteilt.*
Der Endstand errechnet sich ganz einfach daraus, wie viele Löcher mehr als Ihr Gegner Sie gewonnen (oder verloren) haben. Ein Beispiel:

Loch	Ergebnis	Ihr Stand
1	verloren	1 down (zurück)
2	gewonnen	gleich (square)
3	gewonnen	1 auf
4	geteilt	1 auf
5	gewonnen	2 auf
usw. (Wir nehmen an, Sie gewinnen zwei weitere Löcher.)		
15	geteilt	4 auf

In diesem Augenblick wäre das Spiel beendet, weil nurmehr drei Löcher zu spielen wären. Wenn Sie jetzt nämlich alle restlichen Löcher verlieren würden, blieben Sie nach 18 Löchern noch mit »1 auf« siegreich. Man sagt, Sie liegen »4 auf« bei drei noch zu spielenden Löchern. Das Ergebnis wäre »4 und 3«. Natürlich gibt es im Lochspiel mehrere Varianten: Beim Einzel spielen zwei Personen gegeneinander. Im »Foursome«, dem »Vierer«, spielen zwei gegen zwei, wobei ein Paar mit abwechselnden Schlägen nur einen Ball vorwärts bewegt. Im »Fourball« (Vierer-Bestball) spielt jeder der vier Spieler seinen eigenen Ball. Nach jedem Loch wird das bessere Resultat des einen gegen das bessere Ergebnis des anderen Paares angerechnet. Weitere Variationsmöglichkeiten sind »Stableford«- und Wettbewerbe »gegen Par«, bei dem es Punkte für ein pro Loch festgelegtes »relatives Par« gibt. Vergewissern Sie sich, daß Sie die Wettspiel-Regeln genau kennen, ehe Sie den Fuß auf den Platz setzen. Es gibt genug routinierte Golfer, die es einem Anfänger gern erklären (und übrigens nicht nur das).

Zählspiel

Das ist die einfachste Wettspielart, denn Sie zählen einfach Ihr Ergebnis von Loch zu Loch zusammen. Ein Zählspiel ist eine weit größere Herausforderung als ein Lochspiel, denn wenn Sie schon an nur einem Loch »verunglücken«, kann das ansonsten vielleicht gute Ergebnis völlig ruiniert sein. Ein verlorenes Loch im Lochspiel dagegen können Sie schon am nächsten Loch wieder wettmachen. Sieger eines Zählspiels ist der Spieler mit der geringsten Schlagzahl nach dem letzten Loch. In anglikanischen Ländern spricht man dabei meist vom »medal play«.

Das Vorgabe-System

Golf unterscheidet sich radikal von allen anderen Sportarten, weil man sich stets direkt mit anderen Golfern vergleichen kann, egal auf welchem Niveau man selbst oder der Gegenpart spielt. Möglich ist das aufgrund des »Handicaps«, der

»Vorgabe«, die jeder Golf-Amateur aufweist und die ein relativ verläßlicher Maßstab dafür ist, wie gut man spielt. Das bedeutet zum Beispiel, daß ein Spieler mit dem Handicap 20 ein Zählspiel normalerweise mit 20 Schlägen über dem Par eines Platzes beenden sollte. Das geringste Handicap ist 0, die Vorgabe eines »Scratch-Golfers« (er kratzt wirklich an der 0). Das höchste Handicap ist 36, mit dem der Anfänger beginnt. Im Zählspiel zieht man dieses persönliche Handicap einfach vom Ergebnis der ganzen Runde ab, um sein Netto-Ergebnis zu errechnen. Im Lochwettspiel erhalten Sie an einigen Löchern eine Vorgabe von einem oder in Extremfällen sogar zwei Schlägen auf Ihren Gegner, sofern dessen Handicap besser ist als Ihres (siehe Seite 39). Diese Vorgabe wird nach dem Schwierigkeitsgrad der Löcher verteilt. So kann es geschehen, daß Sie an einem Loch zwar eine 5 gespielt haben, aber eine 4 gewertet wird. Wenn Sie Wettspiele mitmachen wollen, müssen Sie auf jeden Fall ein Handicap vorweisen, das Sie über Ihren Club erhalten, der dieses Handicap auch stets kontrolliert. In vielen deutschen Clubs können Sie zeitweise auch ohne Handicap, nur mit »Platzfreigabe«, spielen.

Das Vorgabe-System erlaubt es Spielern mit sehr unterschiedlichen Fähigkeiten, miteinander auf gleicher Basis zu konkurrieren.

Die Ergebniskarte (Scorekarte)
In Zählspielen verlangen die Regeln, daß Sie eine Scorekarte führen. Für das Lochspiel gibt es keine solche Vorschrift, doch ist zu empfehlen, das Ergebnis dennoch mitzuschreiben, um den Überblick zu behalten. Die Scorekarte gibt Ihnen stets auch eine Reihe von Informationen. Normalerweise sind darauf die Platzregeln aufgeführt, die Ihnen schildern, wo die Ausgrenzen liegen oder welches als Wasserhindernis behandelt werden muß. Außerdem gibt es eine Reihe von Spalten auf der Karte, mit Daten über die einzelnen Löcher, aber auch unbeschriebene, in der Sie das Ergebnis Ihres Mitspielers eintragen können; dieser wiederum zählt und notiert Ihre Schläge. Normalerweise geben die Spalten an:

Loch	Loch-Index
Länge	Ergebnis
Par	Gewonnen (+), Verloren (–), geteilt (0)

Loch gibt einfach nur die Nummer des Loches an. Normalerweise wird ein Platz in der Reihenfolge von 1 bis 18 gespielt, doch manchmal ist ein Wettspiel auch ab dem 10. Loch ausgeschrieben.

Länge ist die Entfernung zwischen Tee und Grün eines Loches in Metern (nur noch selten in Yards).

Par ist die Bewertung des Loches nach der Länge (siehe Seite 32).

Loch-Index: Jedem Loch ist eine Extrazahl zwischen 1 und 18

STANNINGLEY GOLF CLUB
STANDARD SCRATCH SCORE 66

Loch	Länge (Yards)	Par	Index	Ergeb-nis	+ – 0	Loch	Länge (Yards)	Par	Index	Ergeb-nis	+ – 0
1	357	4	6			10	409	4	2		
2	369	4	8			11	318	4	10		
3	339	4	11			12	334	4	3		
4	144	3	13			13	333	4	12		
5	394	4	5			14	310	4	7		
6	103	3	17			15	154	3	14		
7	474	4	1			16	261	4	18		
8	253	4	16			17	176	3	9		
9	505	5	4			18	122	3	15		
	2938	*35*					*2417*	*33*			

TOTAL SCORE
HANDICAP
NETT SCORE:

Player's signature .... Marker's signature ....

 Zeichnung 8 Eine typisch englische Scorekarte

zugeordnet, aus der Sie die Schwierigkeit der Löcher ablesen können und nach denen Ihre Vorgabe im Lochspiel verteilt wird. Haben Sie beispielsweise das Handicap 20 und Ihr Gegner 15, beträgt der Unterschied 5. Diese Differenz wird normalerweise nach einem Maßstab »verteilt«, der im Einzel den Faktor 0,75 beträgt. So würde 5 x 0,75 = 3,75 ergeben, aufgerundet also 4. Damit würden Sie an den Löchern mit dem Index 1 bis 4 jeweils einen Schlag Vorgabe auf Ihren Konkurrenten erhalten.

Ergebnis: Das ist ja nun wirklich nicht schwer zu erraten: Dort haben Sie die Anzahl der Schläge einzutragen, die Ihr Mitspieler (und Schreiber) benötigt hat. Im Lochspiel kann die Spalte leer bleiben, denn Sie können Ihren Mitspieler bezwingen, ehe sein Ball ins Loch fällt.

Gewonnen/Verloren/geteilt: Diese Spalte benutzt man nur beim Lochspiel und zeigt, ob Sie es gewonnen, verloren oder geteilt haben. Das wird stets vom Netto-Ergebnis, also unter Abzug der Vorgabe (siehe Index) errechnet.
Es wird meistens auch Extraspalten unter der Bezeichnung »Damen« geben, die ein anderes Par oder einen anderen Index vorgeben. Sie sind in Deutschland meist rot gekennzeichnet. Ausländische Clubs haben oft gesonderte Damen-Karten.
Außerdem kann die Scorekarte eine Bezeichnung für den »Standard Scratch Score« (SSS) enthalten. Daraus kann man generell die Schwierigkeit des Platzes ablesen, und danach wird auch das Handicap berechnet. Liegt das SSS unter dem Par des Platzes, ist dieser relativ leicht.

Platzregeln

1. Steine können überall auf dem Platz entfernt werden. Wenn sich der Ball dabei bewegt, darf er auf den ursprünglichen Platz zurückgelegt werden.

2. Spieler müssen ausgeschlagene Rasenstücke stets zurücklegen.

3. Ausgrenzen: (I) Außerhalb aller Platzbegrenzungen; (II) das Clubhaus und alle darumliegenden Wege; (III) die durch weiße Pfähle gekennzeichnete Fläche beim sechsten Loch; (IV) die Fläche zwischen den Ufern des Flusses Stanning.

4. Wasserhindernisse sind auch alle Gräben und Abflußkanäle.

5. Boden in Ausbesserung sind auch alle Reifenspuren von Traktoren.

6. Ein Ball, der auf einem nicht zum gespielten Loch gehörigen Grün liegt, muß aufgehoben und außerhalb des Grüns fallengelassen werden, aber nicht näher zur Fahne.

Spielverhalten

Schlägerwahl

Fairway-Hölzer

Das sind Dreier-, Vierer- und Fünfer-Holz. Da sie ziemlich lange Schäfte haben, sollte der Schwung wie beim Driver in einem weiten Bogen und relativ flach verlaufen. Stellen Sie sich so zum Ball, daß Sie ihn am untersten Ende Ihres Schwungbogens, oder knapp vorher, treffen und sozusagen »wegwischen«; Sie dürfen ihn keinesfalls schlagen. Konzentrieren Sie sich auf Rhythmus und Gleichgewicht; das sind die wichtigsten Faktoren, die Sie mit den Hölzern am besten entwickeln können.

Lange Eisen

Die meisten Amateure halten die langen Eisen (3 und 4) für die schwierigsten, so daß sie ein Fünfer-Holz oft einem Eisen 3 vorziehen. Wenn Sie allerdings bei den langen Eisen ebenfalls daran denken, den Ball so »wegzuwischen« wie mit einem Holz, werden Sie auch mit ihnen zurechtkommen. Diese Technik läßt mehr Spielraum für Fehler, denn der Schlägerkopf bleibt auf diese Weise am unteren Ende des Schwungbogens relativ lange in Bodennähe. Außerdem vermeiden Sie dadurch den instinktiven Versuch, den Ball anheben zu wollen. Die meisten Schwierigkeiten eines Anfängers mit diesen Schlägern, die wenig verzeihen, resultieren aus dem Drang, den Ball zu hart schlagen zu wollen. Zwingen Sie sich, nicht zu schnell zu schwingen (das ist überraschend schwer!) und mit einem langen Eisen nicht härter als mit einem kurzen Eisen zuzuschlagen. Sie werden feststellen, daß Sie den Ball nicht nur besser treffen, sondern auch weiter befördern.

Kurze Eisen

Mit kurzen Eisen ist Genauigkeit gefragt. Normalerweise benutzt man sie für die Schläge zum Grün, so daß man sowohl Richtung als auch Entfernung richtig einschätzen muß. Deshalb ist es ganz besonders wichtig, daß Sie Ihre Schultern genau parallel zur geplanten Schlagrichtung ausrichten und daß die Schultern und Arme exakt entlang dieser Linie durchschwingen. Ein Weg zum Erfolg wäre es, sich etwas »offener« hinzustellen (Zeichnung 9). Das beschränkt Ihre Körperbewegung auf den Schwung und erlaubt Schultern und Armen, auf der Schlaglinie zu bleiben, ohne daß die Hüfte im Wege ist. Schwingen Sie völlig locker und treffen Sie erst den Ball und dann den Boden, wobei Sie ruhig ein Divot (eine Sode) ausschlagen sollten. Beherrschen Sie Ihren natürlichen Drang, dem Ball hinterherschauen zu wollen, bis Sie ihn ganz sicher weggeschlagen haben.

Das Einnehmen des »offenen« Standes
Obwohl Sie normalerweise Ihre Füße genau parallel zur Schlagrichtung ausrichten sollten, hilft es manchmal, den linken Fuß einige Zentimeter weiter zurückzustellen. Damit »zielen« Ihre Füße links vom Ziel; das also ist ein »offener« Stand. Ihre Schultern allerdings sollen trotzdem in Zielrichtung zeigen.

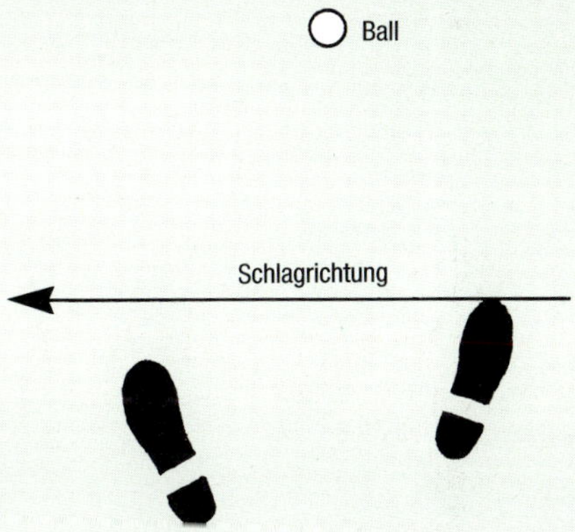

Zeichnung 9 Die Fußstellung beim »offenen« Stand

Schlag-Varianten

Der Drive

Driven ist der Ausdruck für den Abschlag vom Tee. An den meisten Löchern werden Sie dafür ein Holz benutzen, oftmals den Driver. Beim Benutzen dieses längsten Schlägers müssen Sie am weitesten vom Ball entfernt stehen. Aufgrund des langen Schaftes müssen Sie außerdem weit und flach schwingen. Dazu gehört ein sicherer Stand, für den Sie Ihre Füße etwas weiter als schulterbreit auseinander stellen sollten. Das ist doch logisch. Sobald Sie das mit dem Schläger in der Hand ausprobieren, werden Sie feststellen, daß Sie nur so normal schwingen können. Da der Driver eine relativ senkrechte Schlagfläche hat, muß der Ball ziemlich weit links liegen, etwa auf Höhe Ihrer linken Hacke, damit der Ball in die Luft steigen kann. Das bedeutet, daß sich der Schlägerkopf beim Durchschwung im Treffmoment bereits wieder aufwärts bewegt. Deshalb müssen Sie den Ball hoch »aufteen«; das Tee darf nur so weit im Boden stecken, daß der Ball die Schlagfläche generell etwa zur Hälfte überragt.

Zeichnung 10 Das »aufteen« muß für einen Driver höher erfolgen als für Eisen oder andere Hölzer.

Drehen Sie Ihren Körper für einen langen Drive gut auf. Der Ball liegt auf Höhe Ihrer linken Hacke und die Schultern haben sich voll aufgedreht. Beachten Sie, daß die Hände sehr hoch liegen und der Griff relativ fest ist.

»Wischen« Sie den Ball in einem weiten, lockeren Schwung einfach weg. Wenn Sie sich zu schnell drehen, wird der Schlägerkopf hinter Ihrer gesamten Schwungbewegung zurückbleiben und den Ball slicen.

Wenn der Ball sich bewegt
Wenn sich der Ball bewegt, nachdem Sie ihn »angesprochen« haben und ehe Sie zurückschwingen, müssen Sie sich einen Strafschlag notieren. Das gilt dann nicht, wenn Ihr Ball auf der Abschlagfläche vom Tee fällt. Sogar wenn Sie den Ball beim Ansprechen vom Tee stoßen, dürfen Sie ihn straflos zurücklegen.

Ein weiteres großes Problem fast aller Golfer beim Benutzen des Drivers: Je weiter Sie den Ball schlagen, desto gerader muß er fliegen! Das ist einfache Geometrie: Ein schlecht getroffener Ball wird nach 200 Metern weiter aus der Richtung abdriften als nach 60 Metern. Unglücklicherweise vergrößert sich das Problem dadurch, daß der Ball mit einem Driver aufgrund dessen steiler Schlagfläche ohnehin am schwersten geradeaus zu schlagen ist. Ein Pluspunkt: Dafür benutzen Sie den Driver normalerweise, um das leichteste Ziel zu treffen, nämlich einen etwa 50 Meter breiten Fairway. Verkrampfen Sie also nicht und träumen Sie davon: Ein guter Drive ist für den Golfer der vermutlich größte Spaß. Abschließend die Empfehlung, so oft wie möglich mit dem Driver zu üben. Aufgrund seiner steilen Schlagfläche sagt er Ihnen weit mehr über Schwungfehler als jeder andere Schläger.

Chippen und Pitchen

Die meistens aus unmittelbarer Grün-Nähe gespielten Schläge sind sicherlich die wichtigsten, wenn Sie Score und damit Handicap verbessern wollen. Haben Sie es geschafft, daß Sie so gut chippen oder pitchen können, daß Ihr Ball von außerhalb des Grüns mit dem zweiten Schlag fast immer im Loch liegt, sind Sie auf dem besten Weg zu guten Ergebnissen. »Vermasseln« Sie diese Schläge dagegen regelmäßig, können

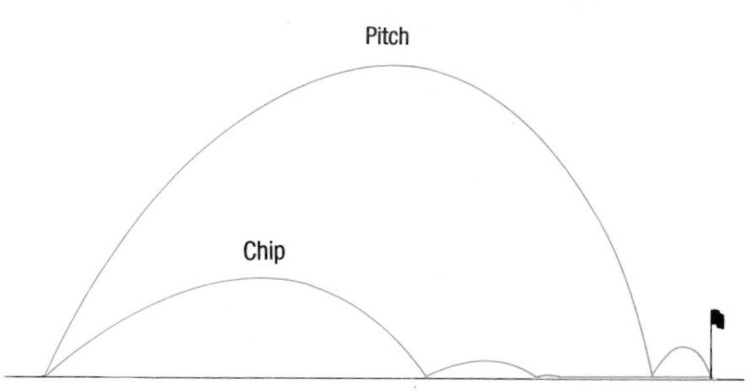

Zeichnung 11 Die Flugkurven von Chip und Pitch

Sie aus 50 Metern Entfernung leicht vier oder fünf Schläge benötigen. Dann wird Ihr Score trotz Superdrives und ebenso guten Fairwayschlägen schlecht bleiben.

Chippen
Der Grundgedanke des Chips ist der eines langen Putts, bei dem der Ball auf etwa dem ersten Drittel seines Weges zum Loch niedrig durch die Luft fliegt, um die restliche Strecke zu rollen. Den Chip sollten Sie nur anwenden, wenn sich zwischen Ball und Loch kein Hindernis befindet. Für diesen flachen Schlag können Sie alle Schläger zwischen Eisen 8 und 5 benutzen. Natürlich hat die Bodenbeschaffenheit einen großen Einfluß darauf, wie weit der Ball rollt. Nach einiger Übung werden Sie sicherlich bald einen Lieblingsschläger für den Chip gefunden haben; bleiben Sie ihm treu, denn das verleiht Selbstbewußtsein.

Tips zum Chippen

Legen Sie Ihr Gewicht auf den linken Fuß.

Lassen Sie Ihre Hände vor dem Ball. Das heißt, die Hände sollen die Senkrechte zum Ball passiert haben, ehe Sie den Ball treffen.

Die Füße sollten nahe beieinander und etwas »offen« stehen.

Schwingen Sie nur kurz zurück. Die schlechten Chips entstehen durch einen zu weiten Rückschwung. Dabei bremst man seinen Schwung oft gerade in dem Moment des Ballkontakts.

Bedenken Sie: Der Chip ist zwar ein netter kleiner Schlag, doch er muß fest und ohne Zögern durchgezogen werden.

Vorsicht bei einem Chip hangabwärts: Es ist meistens sehr schwierig, den Ball aus dieser Lage in die Luft zu bekommen.

So sieht die Ansprechposition für einen Chip aus: Die Füße sollten nahe beieinander, aber leicht »offen« zur Zielrichtung stehen, damit Sie Ihre Arme leicht durchschwingen können.

Beim Chip ist kein weiter Rückschwung notwendig. Das Augenmerk muß der Ballkontrolle und der Festigkeit im Zuschlagen gelten.

Wenige Augenblicke vor dem Ballkontakt liegen die Hände etwas vor dem Schlägerkopf. Das Gewicht bleibt während des gesamten Schlages auf dem linken Fuß.

Pitchen

Der Pitch wird benötigt, um den Ball hoch über ein Hindernis wie einen Bunker oder Baum spielen zu können und danach auf dem Grün möglichst sofort zum Liegen zu bringen. Der Schlag hebt den Ball sofort steil an und verleiht ihm Rückwärtsdrall (Backspin). Man benutzt dafür eine Wedge oder ein Eisen 9; beide Schläger haben eine sehr flache Schlagfläche. Wie beim Chippen verlagern Sie Ihr Gewicht auf den linken Fuß, schwingen aber weiter zurück als beim Chip. Außerdem knickt man die Handgelenke ab, lange ehe man voll zurückgeschwungen hat. Die Hände sollten im Durchschwung den Schlägerkopf fühlen und führen, damit der Schlägerkopf praktisch unter dem Ball hindurchgleitet. Je höher Sie den Ball schlagen wollen, um so mehr sollten Sie den Schlägerkopf »öffnen«. Natürlich benötigt man erneut viel Übung, ehe es klappt. Auf jeden Fall muß der Schlägerkopf noch in der Abwärtsbewegung sein, wenn er auf den Ball trifft. Ansonsten droht Ihnen der schlimmste aller Schläge: Bei einer »dünn« getroffenen Wedge nämlich treffen Sie den Ball mit der Unterkante des Schlägers, und die Kugel wird weit über das Grün preschen. Ein weiterer Ratschlag: Solange Sie sich nicht völlig sicher fühlen, sollten Sie stets die Grünmitte anspielen, egal wo die Fahne steht. Das ist normalerweise viel klüger, als den Ball spektakulär ans Loch schlagen zu wollen und dabei zu riskieren, böse zu verunglücken.

Putten

Das Putten ist ein Spiel für sich. Es gibt tatsächlich – siehe Bernhard Langer – alle möglichen Stilarten, die funktionieren (oder nicht). Die Regel ist: Wenn Sie Erfolg haben, bleiben Sie bei Ihrer Methode. Falls nicht, gibt's natürlich auch dafür ein paar Tips:

Die Schlagfläche des Putters muß immer in Schlagrichtung durch den Ball gependelt werden. Achten Sie auf das Ende des Durchschwungs: Der Putter-Kopf sollte sich bis zuletzt auf der Ziellinie bewegen.

Setzen Sie so wenig wie möglich Ihre Handgelenke ein. Sonst werden Sie Mühe haben, die Ballgeschwindigkeit zu kontrollieren.

Schwingen Sie bei kurzen Putts nicht zu weit zurück. Andernfalls werden Sie abbremsen, wenn Sie an den Ball kommen, und den Ball »steuern«, meistens also nach rechts schlagen.

Bewegen Sie den Putter-Kopf so dicht wie möglich über dem Boden. Das ist kaum möglich, wenn Sie den Putter auf der Ziellinie zurückschwingen. Sie müssen den Rückschwung in einer leichten Kurve, also »nach innen«, ausführen.

Bleiben Sie, bis auf feste Handgelenke, ganz locker. Einen langen Putt werden Sie nie durch Technik allein kontrollieren; Sie benötigen auch viel Gefühl.

Ihr Ziel sollte es sein, den Ball mit höchstens zwei Putts ins Loch zu bringen. Fast alle Drei-Putts resultieren aus der Fehleinschätzung der Geschwindigkeit, nicht der Richtung. Bei langen Putts gibt es eine alte, sehr effektive Hilfe: Stellen Sie sich vor, rund ums Loch liegt ein großer Reifen, in dessen Umkreis Sie den Ball bringen wollen, ganz gleich wohin.

Halten Sie Ihren Kopf still. Immer!

Problem-Lösungen

Bunkerspiel

Die meisten Anfänger haben Riesenangst vor Bunkerschlägen, weit mehr als vor jedem anderen Golfschlag, und daher werden viele gute Runden im Sand begraben. Als Neuling müssen Sie nur danach trachten, um jeden Preis aus dem »Loch« zu kommen; versuchen Sie keine Wunderschläge. Die meisten Bunkerschläge werden aus einem Bunker am Grün gespielt, wo der Ball meistens oben auf dem Sand liegt; diese Schläge dürfen nicht zu hart gespielt werden. Es ist sogar der einzige Schlag, bei dem man möglichst absichtlich einen Slice versucht. Nehmen Sie also einen offenen Stand ein, aber richten Sie auch Ihre Schultern und Hüfte links vom Ziel aus. Stellen Sie sich so hin, daß der Ball in Relation zu Ihren Füßen relativ weit vorn liegt. Als Schläger benutzen Sie die Pitching- oder Sandwedge. »Öffnen« Sie das Schlägerblatt (siehe Seite 48) und schwingen Sie relativ voll zurück, wobei Sie mehr Ihre Hände und Arme als Ihre Schultern einsetzen sollten. Dann schwingen Sie ganz leicht durch den Sand unter dem Ball. Konzentrieren Sie sich auf einen entspannten, regelmäßigen

Durchschwung. Sie sollten das Gefühl haben, als ob Ihre Hände und Arme sanft durch die gewählte Linie schwingen. Dadurch wird der Ball auf einem Sandkissen hoch in die Luft geschleudert. Dieses Gefühl brauchen Sie unbedingt, ehe Sie diesen Schlag konstant wiederholen können. Es ist sehr nützlich, wenn Sie alle Ihre Schläge vor deren Ausführung vor Ihrem inneren Auge ablaufen lassen. Das trifft am meisten auf den Bunkerschlag zu, der ganz leicht ist, wenn man ihn erst einmal gelernt hat. Sie müssen nur versuchen, den Ball auf diesem Sandkissen aus dem Bunker herauszubewegen. Der Schlägerkopf dringt einige Zentimeter hinter dem Ball steil in den Sand ein und kommt etwa im gleichen Abstand vor ihm wieder heraus. Ist der Ball leicht eingebohrt, nennt man das ein »Spiegelei«, wobei der Ball das Gelbe und die Umgebung das Eiweiß darstellt. Ein anderer mentaler Trick: Denken Sie einfach, der Ball läge auf einer Banknote und Sie wollen Note und Ball ganz locker aufs Grün befördern. Mit der Zeit werden Sie ein Gefühl dafür entwickeln, wieviel Sand Sie für verschiedene Distanzen herausschlagen müssen. Zuerst aber sollten Sie einen Schlag entwickeln, der Ihnen immer aus dem Sand hilft.

Das »Öffnen« des Schlägerkopfes

Mit den meisten Schlägen werden Sie versuchen, den Ball mit geschlossenem, also square durch den Ball schwingendem Schlägerblatt zu treffen. Manchmal jedoch ist es effektiver, den Schläger so in der Hand zu drehen, daß das Schlägerblatt mehr nach rechts weist als Ihre Schultern. Das heißt, »den Schläger öffnen«. Jetzt Schlagen Sie einen Slice, was Sie natürlich berücksichtigen müssen.

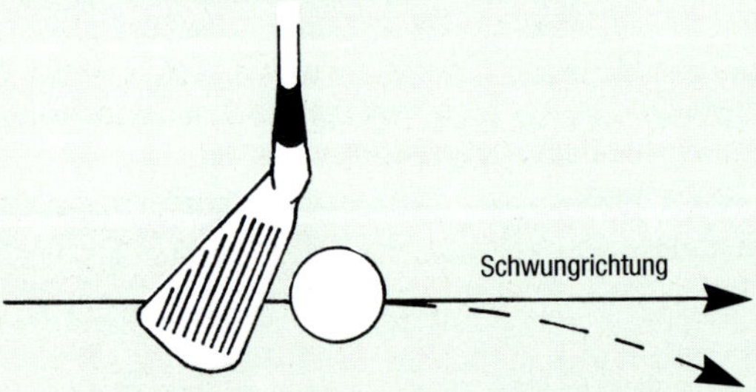

Zeichnung 12 Spielen Sie Bunkerschläge mit »offenem« Schlägerblatt, damit es unter dem Ball durch den Sand gleiten kann.

Regeln im Bunker

Bei einem Bunkerschlag dürfen Sie den Sand vor dem Schlag nicht mit dem Schläger berühren. Das würde zwei Strafschläge kosten. Sie dürfen vorher auch keine losen Naturstoffe im

Die Ansprechposition für den normalen Bunkerschlag ist ungewöhnlich, weil Sie absichtlich einen Slice spielen wollen. Der Ball liegt in Relation zu Ihren Füßen relativ weit vorn, Ihre Schultern und Hüfte zielen nach links vom Loch.

Schwingen Sie leicht, aber relativ weit zurück, und behalten Sie den Punkt im Auge, an dem Sie mit dem Schlägerkopf in den Sand hinter dem Ball eindringen wollen.

Das Sandkissen trägt den Ball hinaus. Der Schlägerkopf rutscht wie ein Messer quer zur Ziellinie nach links durch den Sand und unter dem Ball hindurch.

Schwingen Sie den Schläger in einem regelmäßigen Zug voll durch den Sand in eine hohe Endposition. Blicken Sie nicht auf, ehe nicht der Ball sicher aus dem Bunker heraus ist.

Bunker oder in anderen Hindernissen bewegen, wie sonst auf dem Platz. Die meisten Clubs allerdings erlauben durch ihre Platzregeln, daß Steine entfernt werden dürfen. Erkundigen Sie sich vorher. Nach jedem »Gastspiel« im Bunker sollten Sie alle Spuren Ihrer »Tätigkeit« im Sand mit einer Harke beseitigen.

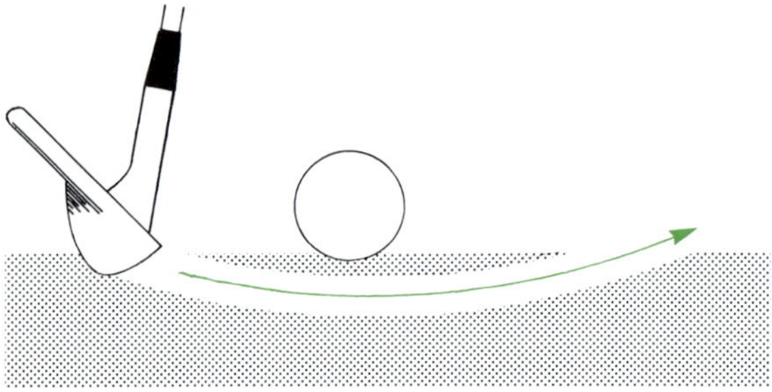

Zeichnung 13 Der Schläger sollte den Ball auf einem Sandkissen herausheben.

Ballverlust oder Aus

Falls Sie Ihren Ball ins Aus schlagen oder ihn nicht mehr finden, müssen Sie einen neuen Ball einsetzen und nochmals von der vorherigen Stelle aus spielen. Zusätzlich müssen Sie sich einen Strafschlag anrechnen. Landet also Ihr Abschlag im hohen Rough, und Sie finden den Ball dort nicht, müssen Sie zum Tee zurückkehren und von dort den *dritten* Schlag ausführen. Ehe Sie anfangen zu suchen, ist es zur Beschleunigung des Spiels jedoch oftmals besser, gleich einen neuen Ball einzusetzen, falls Sie das Gefühl haben, Ihr Ball könnte im Aus oder verloren sein. Wenn Sie das tun, sollten Sie diesen zweiten Ball zum »provisorischen Ball« erklären. Stimmen Ihre Befürchtungen (Aus oder verloren), können Sie sofort den

»provisorischen« weiterspielen; sonst heben Sie ihn einfach auf. Sie müssen allerdings immer Ihren ursprünglichen Ball spielen, wenn Sie ihn innerhalb der Platzgrenzen finden, so schlimm er liegen mag. Sollten Sie trotzdem den provisorischen Ball vorziehen, bewegen Sie einen Ball, der nicht im Spiel ist. Es droht Ihre Disqualifikation, falls Sie den Fehler nicht berichtigen.

Liegt vor Ihrem Abschlag ein enger Fairway, sollten Sie lieber ein Dreier- oder Vierer-Holz benutzen, um Ihre Chancen zu erhöhen, den Ball geradeaus zu schlagen. Wenn Sie den Driver ohnehin nicht perfekt treffen, werden Sie den Ball vermutlich genauso weit hinausbefördern. Es lohnt sich immer, in Ruhe über die Verwendung des Drivers nachzudenken, denn es wirkt sich meistens fatal auf den Score aus, wenn Sie beim Abschlag regelmäßig in Not geraten.

Ball droppen oder bewegen

Landet Ihr Ball in vorübergehendem Wasser, auf Boden in Ausbesserung oder in einem Loch, das von einem Tier stammt, dürfen Sie ihn aufnehmen und an einer anderen Stelle fallen lassen. Das heißt »Erleichterung in Anspruch nehmen«. Um Ihren Ball droppen zu können, müssen Sie den nächsten Punkt finden, an dem der Boden wieder in Ordnung ist. Er darf nicht näher zum Loch liegen als vorher (»nächster Punkt zur Erleichterung«). Strecken Sie Ihren Arm aus und droppen den Ball so, daß er innerhalb einer Schlägerlänge von dem »Punkt zur Erleichterung« liegenbleibt. Sollte Ihr Ball auf dem Grün im vorübergehenden Wasser liegen, oder befindet sich ein solches Wasser in Ihrer Puttlinie, dürfen Sie den Ball an die nächste Stelle hinlegen, die Erleichterung bietet, aber auch dann nicht näher zum Loch.

Bäume sind normalerweise »Bestandteil« des Platzes. Deshalb versuchen Sie, das Beste daraus zu machen, wenn Ihr Ball zu nahe liegt. Platzregeln allerdings schützen normalerweise gewisse Junganpflanzungen, in deren Nähe ein »freier Drop« erlaubt ist.

Eingebohrter Ball

Auf nassem Untergrund kann sich Ihr Ball bei der Landung in den Boden einbohren. Sollte dies an einer kurz gemähten Stelle passieren, wobei dies auch ein Weg durchs Rough sein kann, dürfen Sie den Ball aufheben, säubern und am nächstmöglichen Punkt neben dem Fundort droppen – natürlich wieder nicht näher zum Loch, als er ursprünglich lag. Dieses Aufheben und Droppen ist straffrei. Einen Strafschlag jedoch gibt es dann, wenn der Ball irgendwo anders (Rough oder Hindernis) eingebohrt ist.

Den Ball reinigen

Normalerweise dürfen Sie Ihren Ball während des Spiels nur auf dem Grün aufheben, um ihn zu reinigen. Zuvor allerdings müssen Sie diese Position mit einer Münze oder einem anderen Gegenstand unmittelbar hinter dem Ball (Richtung Loch gesehen) markieren. Legen Sie den Ball immer zurück, bevor Sie die Markierung wieder entfernen.

Bewegliche (Natur-)Stoffe und Hemmnisse

Was würden Sie machen, wenn Ihr Ball neben einer Schlange, einer Zigarettenschachtel oder unter einer Bank landet?
Bewegliche Naturstoffe sind natürliche Gegenstände wie Steine, Blätter, Zweige, Insekten oder sogar Kot, alles also, was nicht mit dem Boden verbunden ist oder aus ihm wächst. Darunter fallen auch Schlangen. Sie dürfen alles straflos aus dem Weg räumen, nur nicht in einem Hindernis. Aber Vorsicht (nicht nur bei der Schlange): Sollte sich der Ball dabei bewegen, gibt es einen Strafschlag.
Bewegliche Hemmnisse sind künstliche Gegenstände, also Gartenwerkzeuge, Flaschen oder Zigarettenpackungen. Auch sie dürfen straflos beseitigt werden. Also entfernen Sie die Zigarettenschachtel und spielen Sie weiter. Liegt Ihr Ball auf einem Hemmnis, dürfen Sie den Ball aufnehmen, den Gegenstand wegnehmen und den Ball straflos zurücklegen.
Unbewegliche Hemmnisse sind ebenfalls künstliche, aber mit dem Boden fest verbundene Gegenstände, also Gebäude, Brücken oder Wasserbehälter. Wenn Ihr Ball so nahe an diesen Objekten liegt, daß Sie weder ungehindert schwingen noch Ihren Stand einnehmen können, dürfen Sie den Ball gleichfalls ohne Strafschlag an der nächsten Stelle droppen, die ein Weiterspielen ermöglicht, allerdings nicht näher zum Loch. Aber auch dabei ist Vorsicht angebracht: Viele Hemmnisse gelten als »Teil des Platzes«, so wie Bäume. In diesem Fall müssen Sie eben versuchen, das Beste aus der Sache zu machen. Auf jeden Fall sollten Sie vor jeder Runde die Platzregeln lesen. Eine Bank ist unbeweglich, wenn sie einzementiert ist. Kann sie weggeschoben werden, gilt sie als bewegliches

Hemmnis. Diese Erklärungen sind natürlich nur ein Anhaltspunkt für Neulinge. Die Golfregeln erklären solche Vorkommnisse sehr viel präziser. Wenn Sie ernsthaft Turniere mitspielen, werden Sie mehr und mehr Einzelheiten kennenlernen.

Die Fahne herausziehen

Falls Sie mit einem Schlag vom Grün den Fahnenstock treffen, kassieren Sie im Zählspiel zwei Strafschläge; im Lochspiel haben Sie das Loch verloren. Berührt dagegen Ihr von außerhalb des Grüns geschlagener Ball die Stange, ist das straffrei, solange Sie nicht jemanden (Caddie oder Spieler) gebeten haben, die Fahne zu »bedienen«. Dann wäre die Strafe die gleiche, als ob Sie vom Grün gespielt hätten. Wenn Sie also nicht ganz sicher Bescheid wissen, sollten Sie schon routinemäßig die Fahne entfernen, wenn die Gefahr besteht, sie treffen zu können. Und falls Sie einen Annäherungsschlag von außerhalb des Grüns spielen, erklären Sie ganz deutlich, ob Sie die Fahne »bedient« haben wollen oder nicht.

Der Spieler hat klugerweise vorher entschieden, daß er die Fahne bei seinem langen Putt »bedient« haben möchte.

Platz-Management

Platz-Management ist der moderne Ausdruck dafür, wie Sie sich Ihre Runde auf dem Golfplatz vorstellen. Denken Sie nicht nur vor jedem Loch über Ihre Taktik nach, sondern Schlag für Schlag, den Sie dem Loch näherrücken. Als Beispiele:
Benötigen Sie an jedem Vierer-Loch einen Driver für den Abschlag? Vermutlich nicht! Oft genügt ein Dreier-Holz oder sogar ein Eisen, speziell dann, wenn Sie in ein »Dogleg« oder auf einen schmalen Fairway spielen.
Wenn Sie einen brauchbaren Abschlag hatten, doch das Grün mit dem nächsten Schlag nicht unbedingt sicher erreichen können, warum benutzen Sie dann nicht Ihr Lieblings-Eisen 6 und danach ein Eisen 8? Ist das nicht klüger, als ein Holz zu nehmen, mit dem Ihr Ball sogar mit Ihrem allerbesten Schlag allenfalls kurz vor dem Grün landen würde, schlimmstenfalls aber verloren ginge?
Ihr größtes Problem als Anfänger wird es sein, Katastrophen zu vermeiden, also Ergebnisse von neun oder zehn statt sechs Schlägen. Nehmen Sie deshalb einfach Ihre schlechten Schläge als gegeben hin und versuchen Sie immer, das Beste daraus zu machen. Wenn Ihr Ball irgendwo schlecht liegt, sollten Sie mit dem nächsten Schlag nur den Fairway zu erreichen versuchen, sogar wenn Sie zurückspielen müssen. Und wenn Ihr Ball im Bunker liegt, versuchen Sie nur, ihn um jeden Preis hinauszubekommen. Lassen Sie keine zwei oder drei Schläge daraus werden, nur weil Sie sich ärgern oder übermütigen Optimismus an den Tag legen.

Lochspiel-Strategie

Im Lochspiel müssen Sie natürlich ganz anders kalkulieren. Wenn nämlich Ihr Gegenspieler in Nöten ist, sollten Sie Ihrerseits ganz auf »Nummer sicher« gehen. Spielt er aber gut, sollten Sie ihm die Löcher auch nicht dadurch schenken, daß Sie blindlings optimistisch drauflosschlagen. Lassen Sie ihn sich jeden Lochgewinn hart erarbeiten. Wenn Sie Anfänger sind, haben Sie durch Ihr Handicap vielleicht an einigen Löchern einen Schlag gut. Nutzen Sie diesen so wertvollen Vorteil dann rigoros aus.

Etikette

Grundlagen des Benehmens auf Golfplätzen sind der gesunde Menschenverstand und gegenseitige Rücksichtnahme:

Verlassen Sie den Platz so, wie Sie ihn vorgefunden haben: Legen Sie alle ausgeschlagenen Grassoden (Divots) zurück, bessern Sie die Balleindrücke (Pitchmarken) auf dem Grün aus und beseitigen Sie die Spuren Ihrer Bunker-»Arbeit«.

Sie können nie vermeiden, daß Sie im Bunker den Sand aufwühlen (oben), doch Sie sollten anschließend alles wieder einglätten (unten). Auf den meisten Plätzen gibt es Harken dafür.

Nehmen Sie Rücksicht auf die anderen Spieler vor und hinter Ihnen.

Drei- und Vierballspiele sollten Zweier immer durchlassen.

Lassen Sie die Leute hinter Ihnen durchspielen, wenn Sie nach verlorenen Bällen suchen.

Größtes Ärgernis ist langsames Spielen. In dieser Hinsicht geben die Profis leider oftmals das schlechteste Beispiel. Ahmen Sie bitte nie die Fernseh-Show der Profis auf den Grüns nach. Denken Sie aber auch daran, daß diese Spieler um Tausende von Mark und oft um ihren Lebensunterhalt spielen, und das in jeder Woche auf anderen Grüns! Viele Profis würden es sogar vorziehen, schnell zu spielen. Typisch dafür sind Sandy Lyle und Ian Woosnam, die zweieinhalb Stunden für eine Runde benötigen, wenn man sie nur lassen würde. So können auch Sie selbst viel Zeit zwischen den einzelnen Schlägen einsparen:

Wenn Sie Ihren Putter herausnehmen, sollten Sie Ihre Tasche nicht am Grünanfang stehenlassen, sondern sie gleich in die direkte Linie zum nächsten Abschlag mitnehmen, damit Sie nach dem Einlochen nicht zurückgehen müssen.

Denken Sie bereits über Ihren eigenen Schlag nach, während Ihr Partner seinen ausführt. Wenn Sie an der Reihe sind, sollten Sie den entsprechenden Schläger bereits ausgesucht haben und zum Schlag bereit stehen.

Machen Sie Ihre »Buchführung« auf der Scorekarte erst auf dem nächsten Abschlag. Bleiben Sie nicht auf dem Grün stehen, während andere Spieler hinter Ihnen bereits warten.

Wie man Club-Mitglied wird

Sowie Sie einigermaßen spielen können, werden Sie Wettbewerbe mitmachen und daher Mitglied in einem Club werden wollen, sofern Sie es nicht gleich geworden sind, wie es in Deutschland oft zwangsweise üblich ist, weil es kaum öffentliche Anlagen gibt. Das Beste ist, Sie erkundigen sich zunächst einmal nach den Aufnahme-Bedingungen. Normalerweise müssen Sie einen Aufnahmebeitrag und Ihren ersten Jahresbeitrag bezahlen. In vielen Clubs aber müssen Sie zusätzlich noch (oft teuer) einen »Baustein« oder eine »Nutzungsberechtigung« kaufen. Einige Vereine, vor allem in Ballungsgebieten, haben lange Wartelisten und verlangen besonders viel Geld. Suchen Sie sich also möglichst einen Platz auf dem Land. Meistens bezahlen Sie dort erheblich weniger und sind nicht in der oft elitären Gesellschaft der mondänen oder alteingesessenen Clubs. Dort können Sie dann immer noch gegen Greenfee (Platzbenutzungsgebühr) spielen.
Entwickeln Sie Ihr Spiel weiter, so gut es geht. Sichern Sie sich ein offizielles Handicap und arbeiten Sie daran, es zu reduzieren. Spielen Sie erst einmal »einstellig«, ist es oft viel leichter, irgendwo Mitglied zu werden, weil man Sie dort vielleicht für die Clubmannschaft benötigt.

Die meisten Clubs haben einen Pro-Shop, oft erheblich größer als dieser, wo Sie meist gut beraten werden und praktisch alle Golf-Ausrüstungsgegenstände erhalten können.

Aufwärm-Übungen

Trotz allen Talents und einer generellen Fitneß wird kein Profi-Golfer eine Runde beginnen, ohne sich aufgewärmt zu haben. Sie sollten Ihr eigenes Ritual entwickeln. Zunächst sollten Sie Ihre komplette Golfmuskulatur aufwärmen, damit Ihr erster Schwung nicht völlig verkrampft ist. Spezielle Stretching-Übungen sind generell die besten. Aber Sie können auch einfach Ihre Arme langsam kreisen und leichte Kniebeugen machen. Schlagen Sie dann einige Bälle auf der Range oder notfalls in ein Netz. Üben Sie auch einige Putts, doch nicht zu viele, weil das die auf dem Platz notwendige Konzentration unnötig auffrißt.

Eine gute Übung: Legen Sie einen Schläger auf diese Weise quer über Ihren Rücken und drehen Sie vorsichtig Ihre Schultern gegen den Widerstand des Schlägers. Damit können Sie Ihre Schulter- und Rückenmuskulatur relativ gut geschmeidig machen.

Erklärungen

Einige diese Ausdrücke sind schon in diesem Buch vorgekommen, andere nicht. Andere Ausdrücke erklären Dinge, die Ihnen vielleicht in anderen Büchern, im Fernsehen oder auf dem Golfplatz zu Ohren kommen.

Erklärungen zum Flug des Balles oder zu Schlägen sind immer auf Rechtshänder bezogen. Sollten Sie Linkshänder sein, stellen Sie sich alles einfach andersherum vor.

Caddie. Ein Helfer, der die Tasche des Spielers trägt. Ein Luxus für Anfänger, aber Notwendigkeit für Profis!

Divot. Ein Stück Erde oder eine Grassode, die man mit dem Schläger beim Durchschwung hinter dem Ball aus dem Boden schlägt. Gute Golfer legen diese Divots immer ins entstandene Loch zurück (siehe Foto nächste Seiten).

Draw. Ein Schlag, bei dem der Ball im Flug leicht von rechts nach links abdreht. Diese milde Form eines Hooks wird dadurch erreicht, daß man den Schlägerkopf leicht zudreht (schließt). Mit viel Übung können Sie den Draw absichtlich spielen, zum Beispiel, um den Ball um einen Baum herumfliegen zu lassen.

Ehre. Wenn zwei oder mehrere Spieler zusammen auf der Runde sind, wird die Reihenfolge der Abschläge nach dem Ergebnis am zuvor gespielten Loch ermittelt. Der Spieler mit dem niedrigsten Score hat die »Ehre« und muß (darf) als erster abschlagen.

Fade. Ein Schlag entgegengesetzt zum Draw – der Ball kurvt im Flug leicht von links nach rechts. Dieser Ansatz zum Slice wird erreicht, indem man den Schlägerkopf beim Durchschwung etwas offen an den Ball bringt. Auch der Fade wird von vielen Spielern absichtlich eingesetzt, um Hindernisse zu umspielen.

Fluff. So heißt ein Fehlschlag, bei dem der Schläger zuerst den Boden hinter dem Ball berührt. Dadurch wird dem Schwung viel an Kraft genommen.

Fore! Der traditionelle Ausruf der Golfer, um andere Leute auf dem Platz zu warnen, daß Ihnen Gefahr durch einen auf sie zufliegenden Ball droht. Sie sollten dabei so laut wie möglich brüllen. Das könnte jemanden vor häßlichen Verletzungen bewahren.

Lage (Lie). So nennt man die Position des Balles nach jedem Schlag. Die Extreme sind »gute« und »unspielbare« Lage. Lie sagt man auch zum Auflagewinkel des Schlägerkopfes im Verhältnis zum Schaft.

Loch. Das angespielte Loch auf dem Grün muß in seinen Ausmaßen den Regeln entsprechen, das sind 4,25 Inches (108 mm) im Durchmesser und mindestens 4 Inches (100 mm) Tiefe.

Loft. Das ist der Winkel der Schlagfläche. Eine Wedge hat also mehr Loft, der den Ball höher in die Luft hebt, als die längeren Eisen.

 Legen Sie stets Ihre Divots ins Loch zurück ...

Scratch-Spieler. Ein Golfer, dessen Handicap 0 oder niedriger ist.

Shank. Ein schlechter Schlag, bei dem man den Ball mit der Hacke bzw. dem Schaftansatz und nicht mit der Schlagfläche trifft. Der Ball springt unkontrolliert nach rechts. In Deutschland oft auch »Socket« genannt.

Toeing. Ein anderer schlechter Schlag, bei dem nur die Spitze der Schlagfläche den Ball berührt. In extremen Fällen kann der Ball dabei rechtwinklig wegspritzen.

Toppen. Dabei schlägt man mit der Sohle des Schlägerkopfes auf den Ball, der in Extremfällen in den Boden gepreßt werden kann, meistens aber noch davonhoppelt.

... und treten sie anschließend wieder fest.

Pitchmarken nennt man die Einschlaglöcher der Bälle auf dem Grün. Sie sollten immer vorsichtig geglättet werden.

Adressen

Deutschland

Deutscher Golf-Verband (DGV)
Leberberg 25
6200 Wiesbaden
Tel. (06121) 52 60 41/3

Deutscher Golflehrer-Verband (DGLV)
Hauptstr. 6
8902 Neusäß
Tel. (0821) 46 40 24/5

Ausland

The Royal and Ancient Golf Club of St. Andrews
St. Andrews
Fife
Scotland
KY16 9JD

Professional Golfers Association
Apollo House
The Belfry
Wishaw
Sutton Coldfield
West Midlands
England
B76 9PT

United States Golf Association
Golf House
Liberty Corner Road
Far Hills
New Jersey 07931
USA